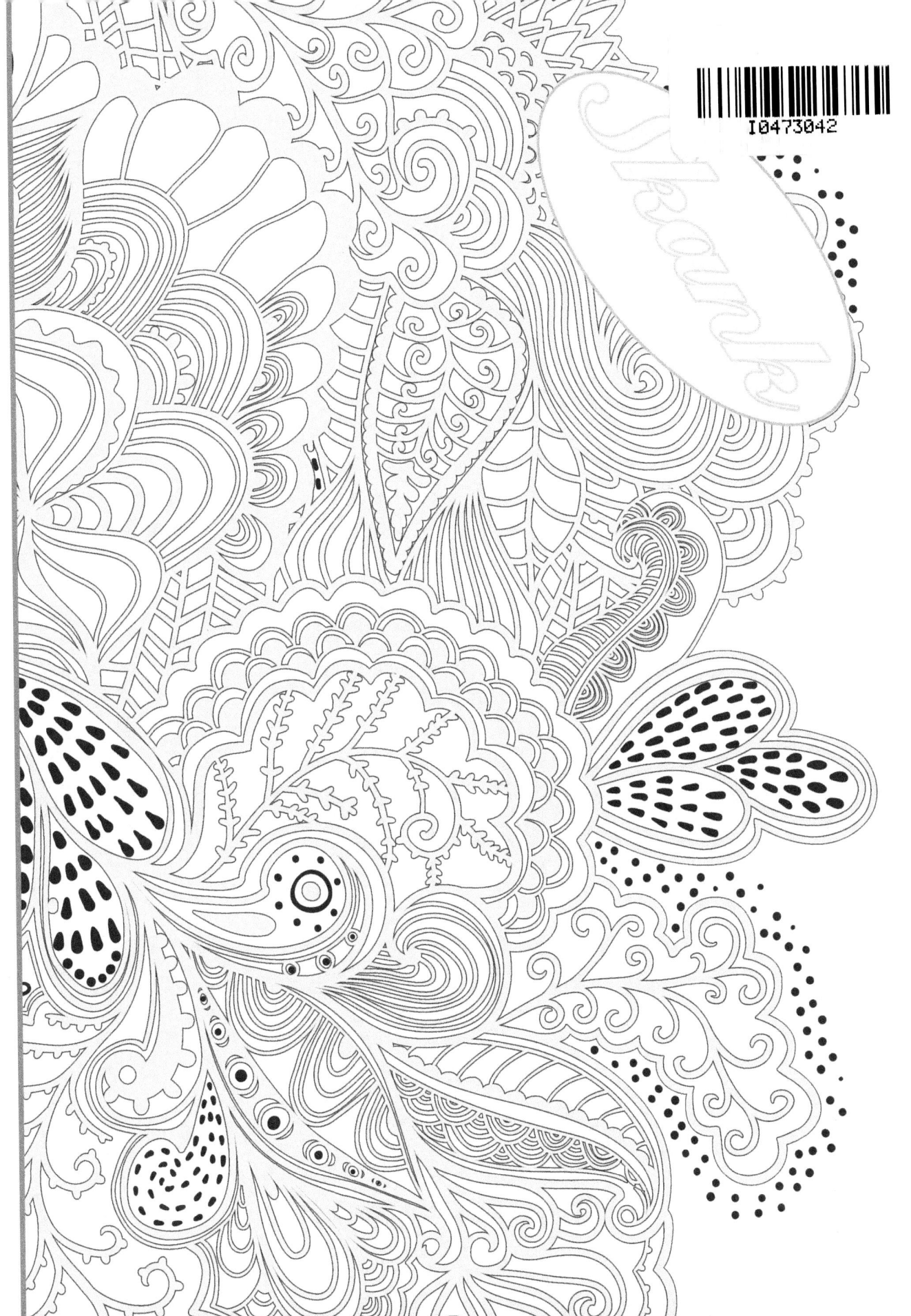

Notes

_____
_____
_____
_____
_____
_____
_____
_____
_____
_____
_____
_____
_____
_____
_____
_____

Drawings or Doodles:

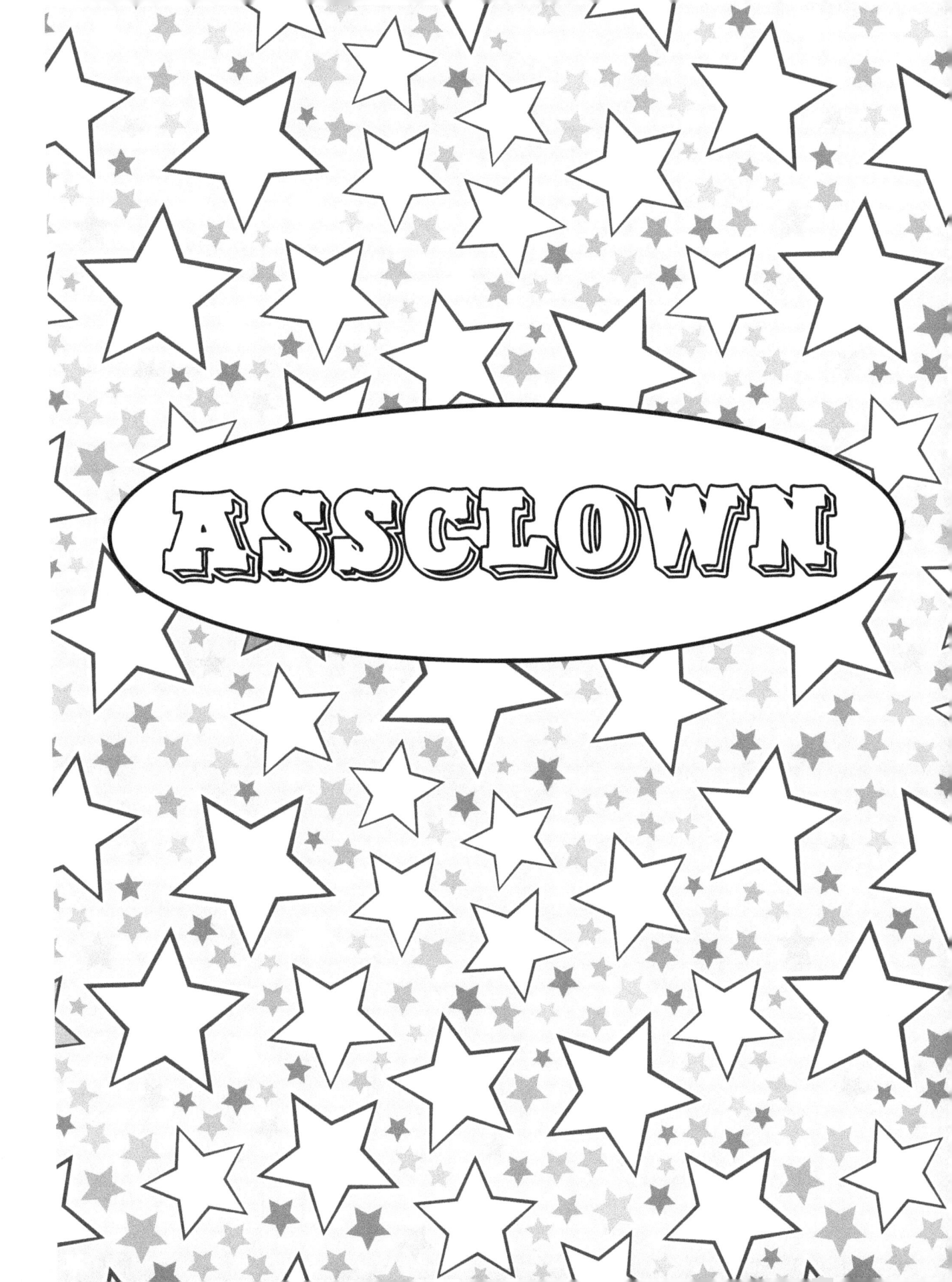

Notes

Drawings or Doodles:

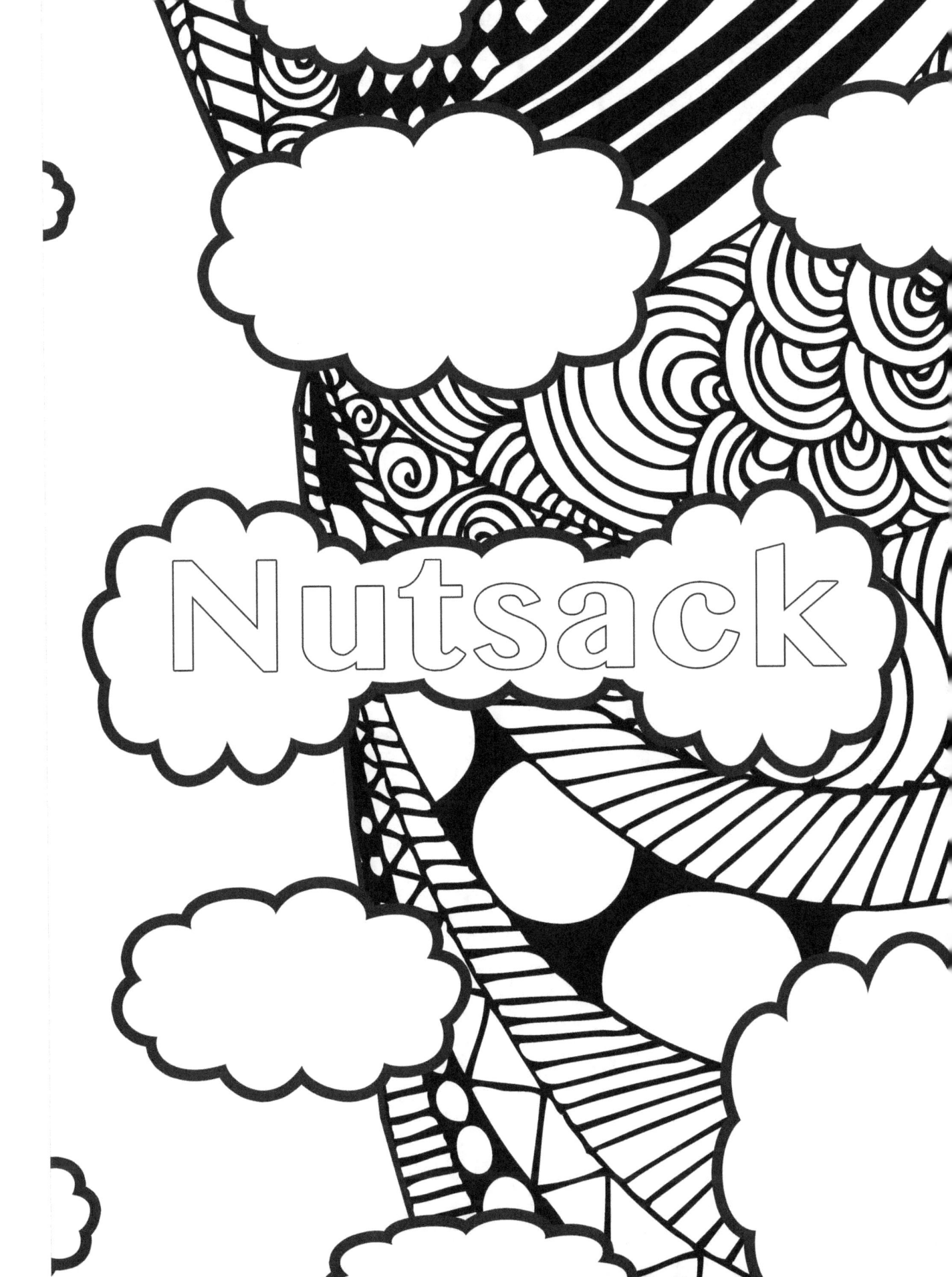

Notes

Drawings or Doodles:

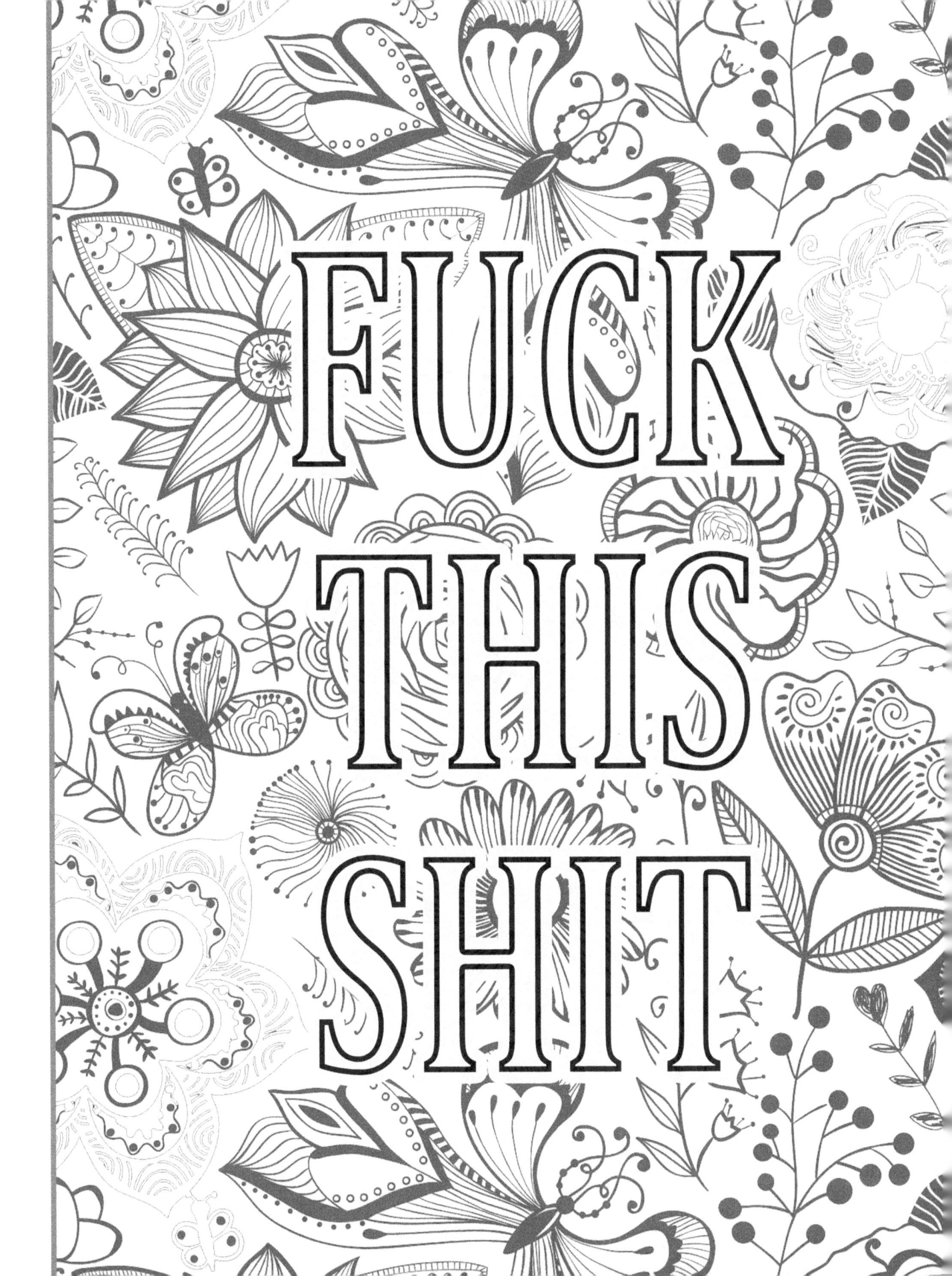

Notes

Drawings or Doodles:

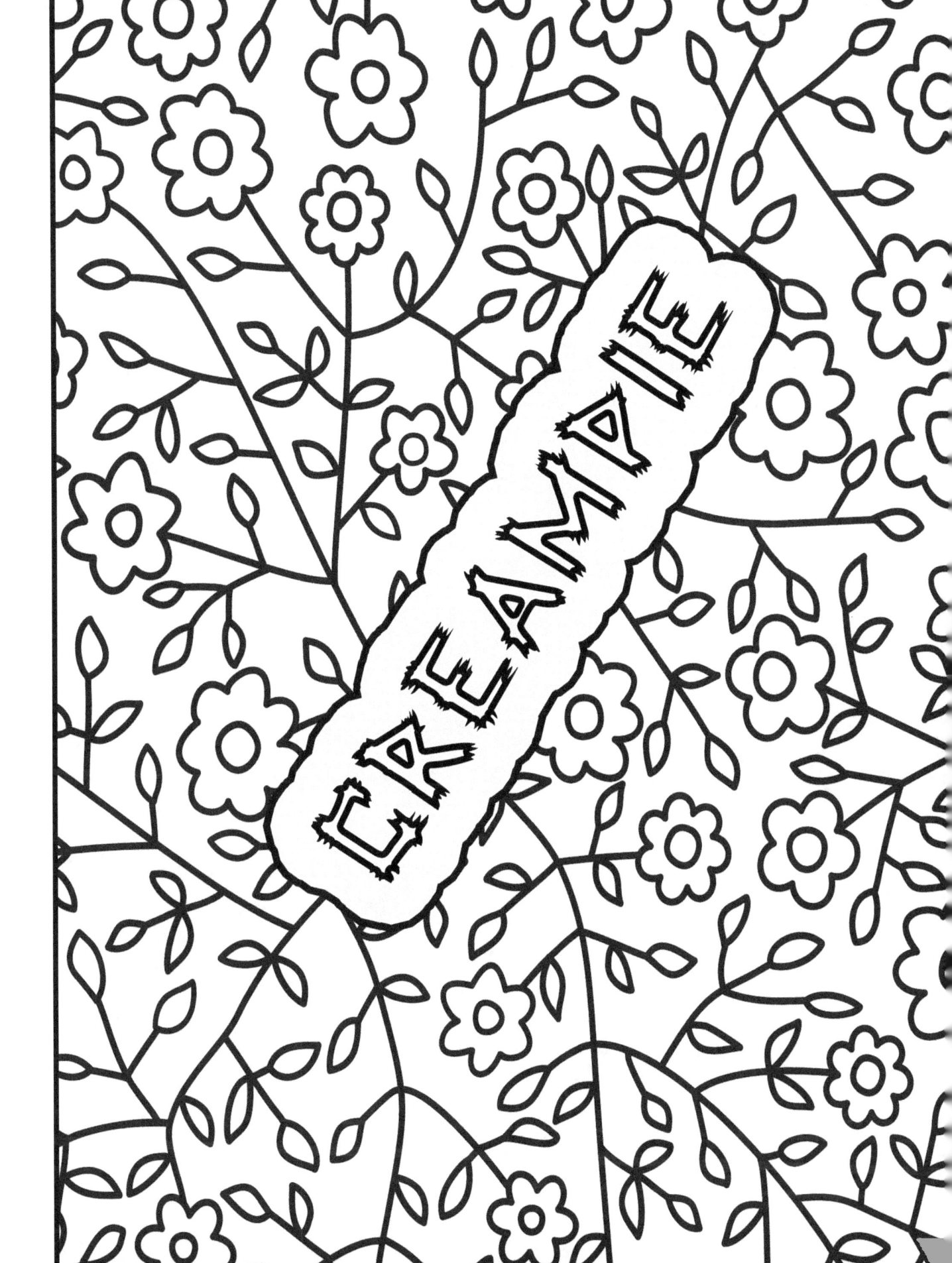

Notes

_____
_____
_____
_____
_____
_____
_____
_____
_____
_____
_____
_____
_____
_____
_____
_____

Drawings or Doodles:

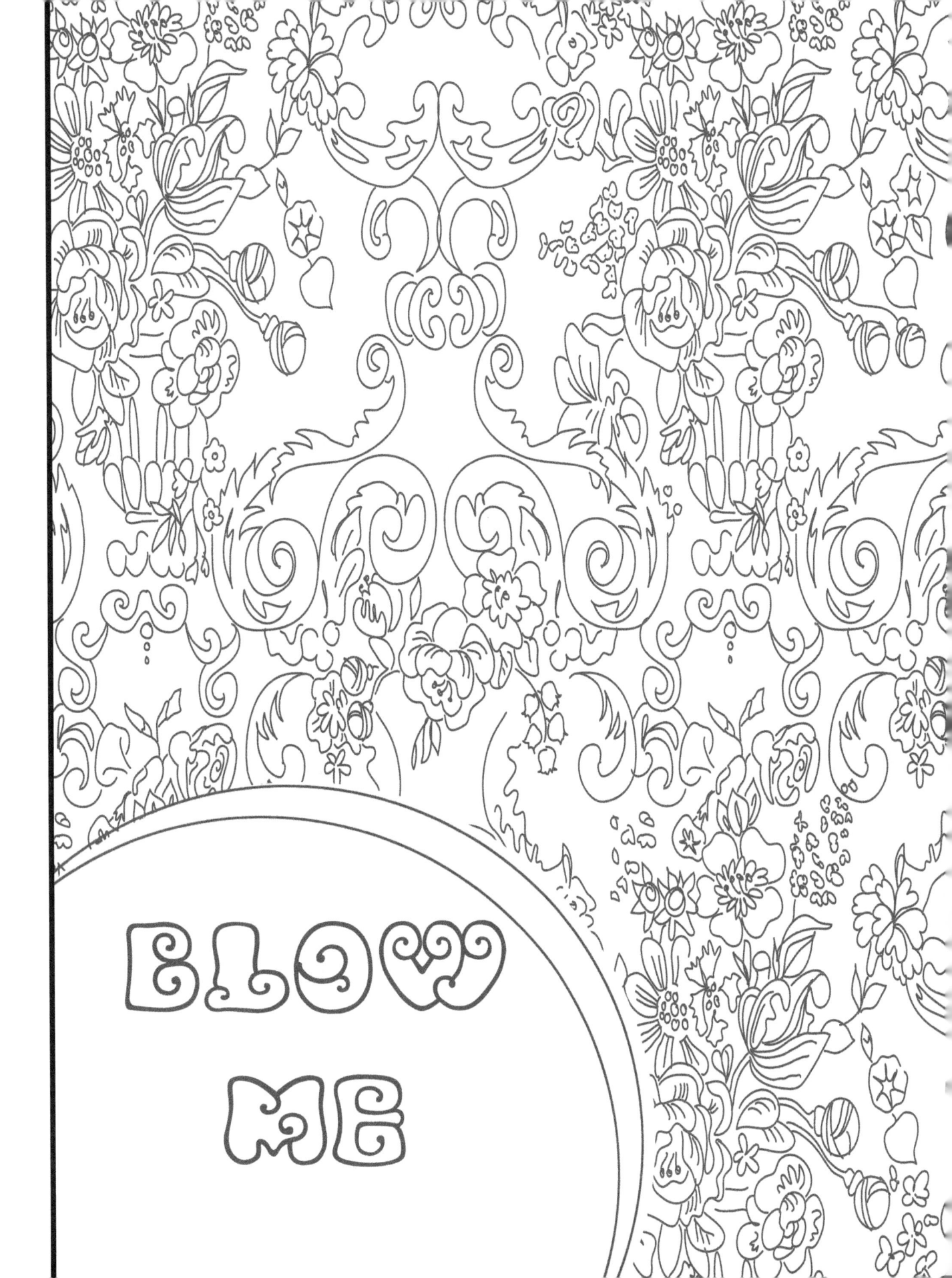

Notes

Drawings or Doodles:

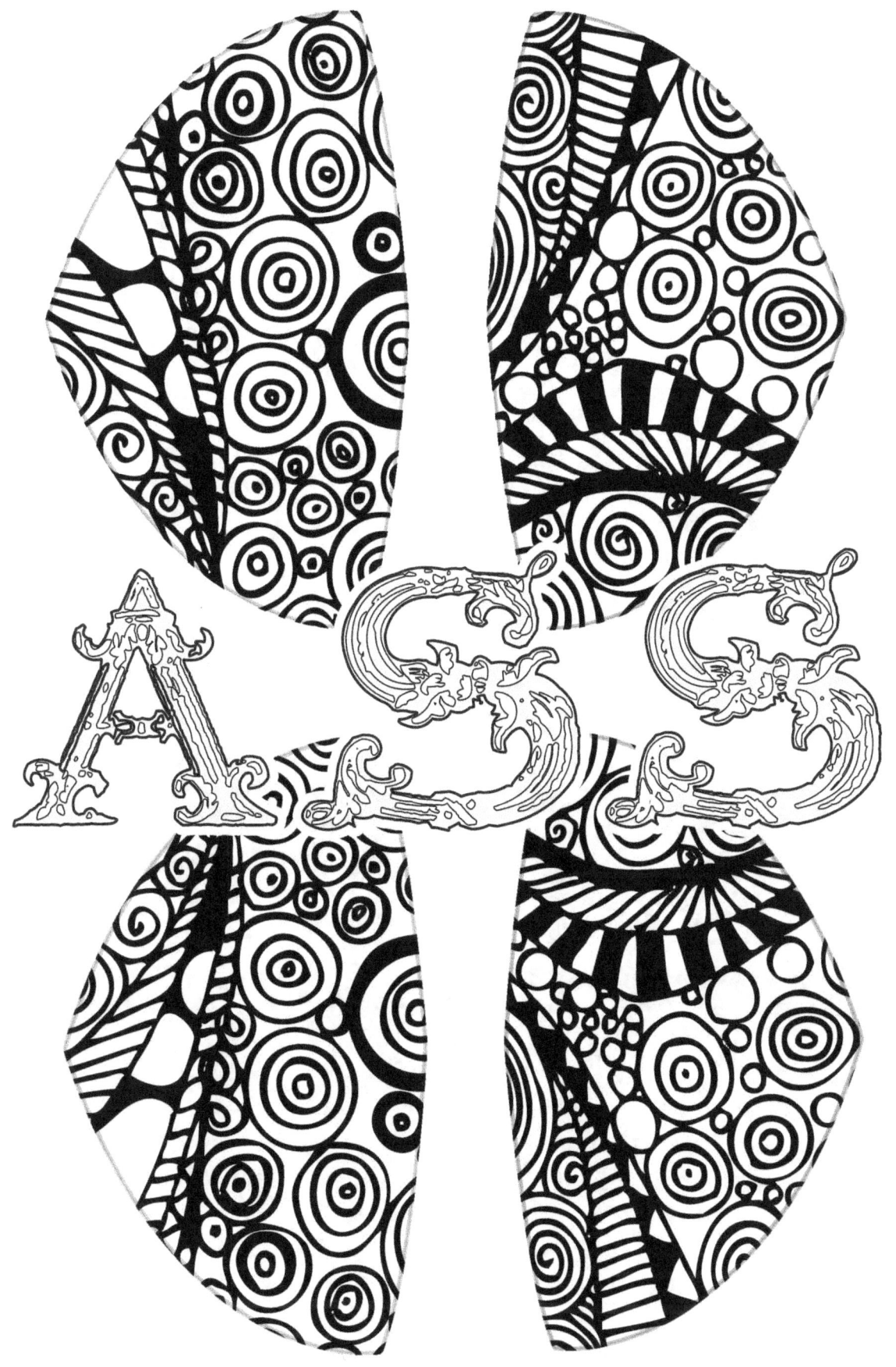

Notes

Drawings or Doodles:

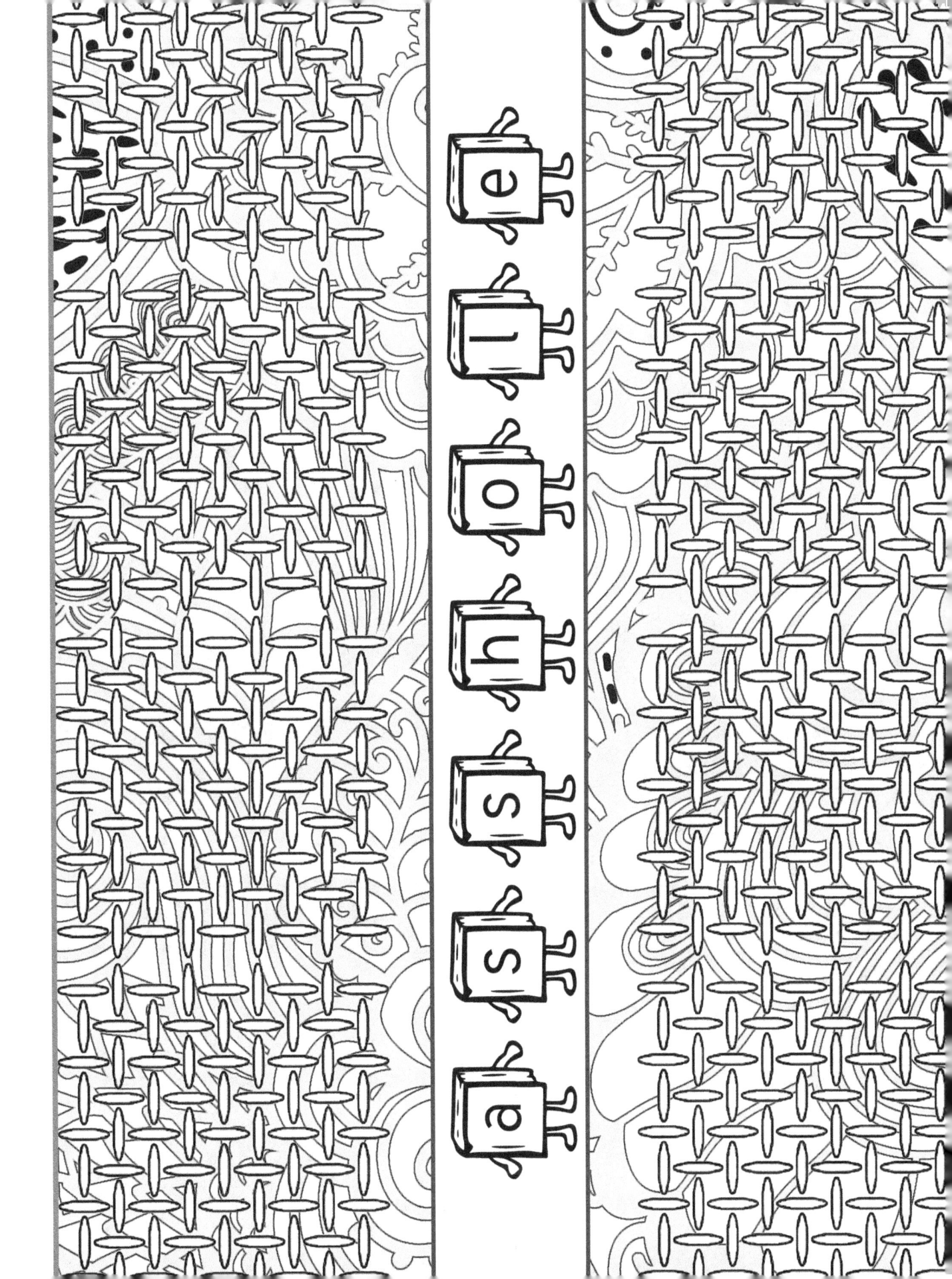

Notes

_____
_____
_____
_____
_____
_____
_____
_____
_____
_____
_____
_____
_____
_____
_____
_____
_____

Drawings or Doodles:

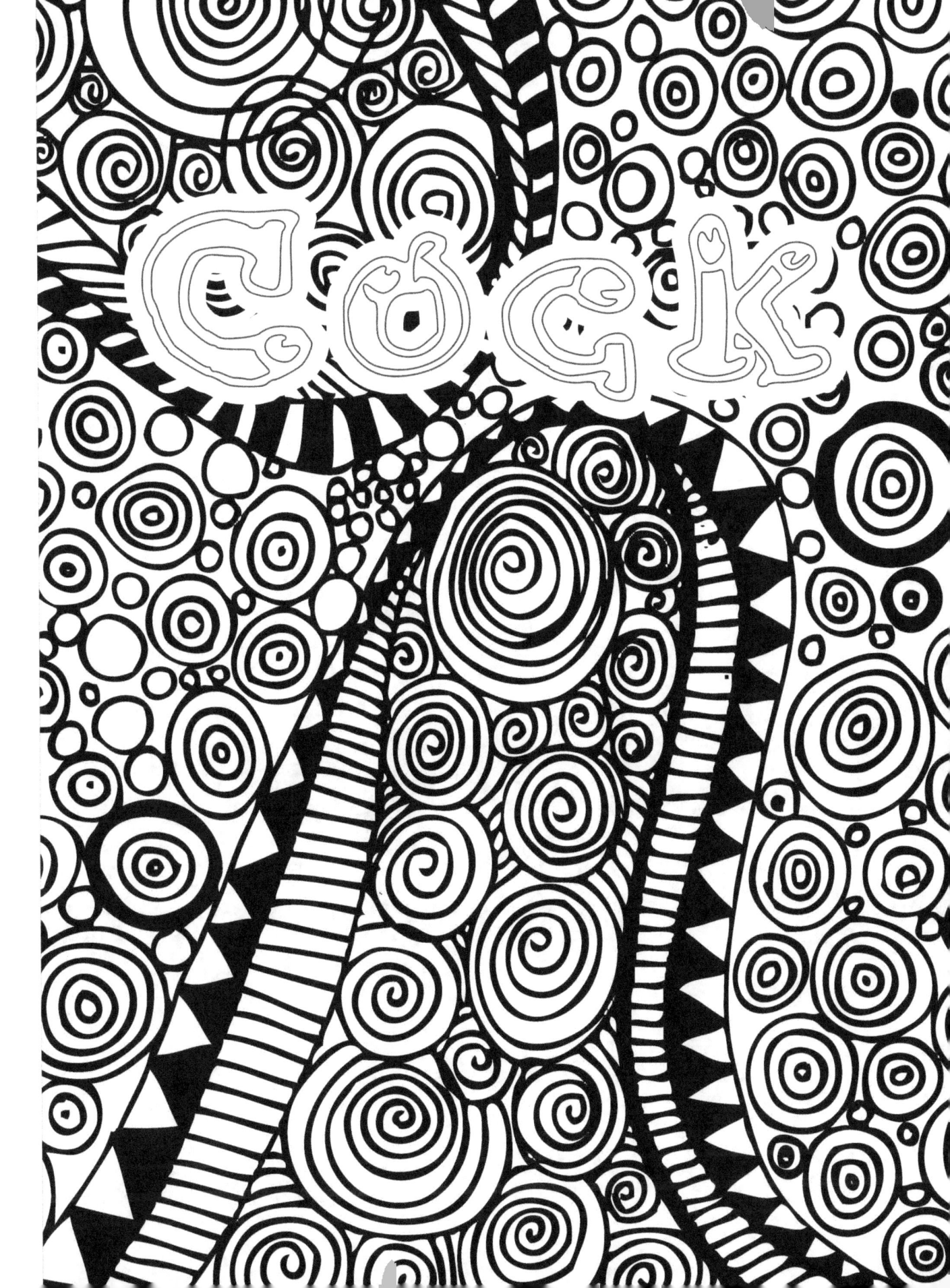

Notes

Drawings or Doodles:

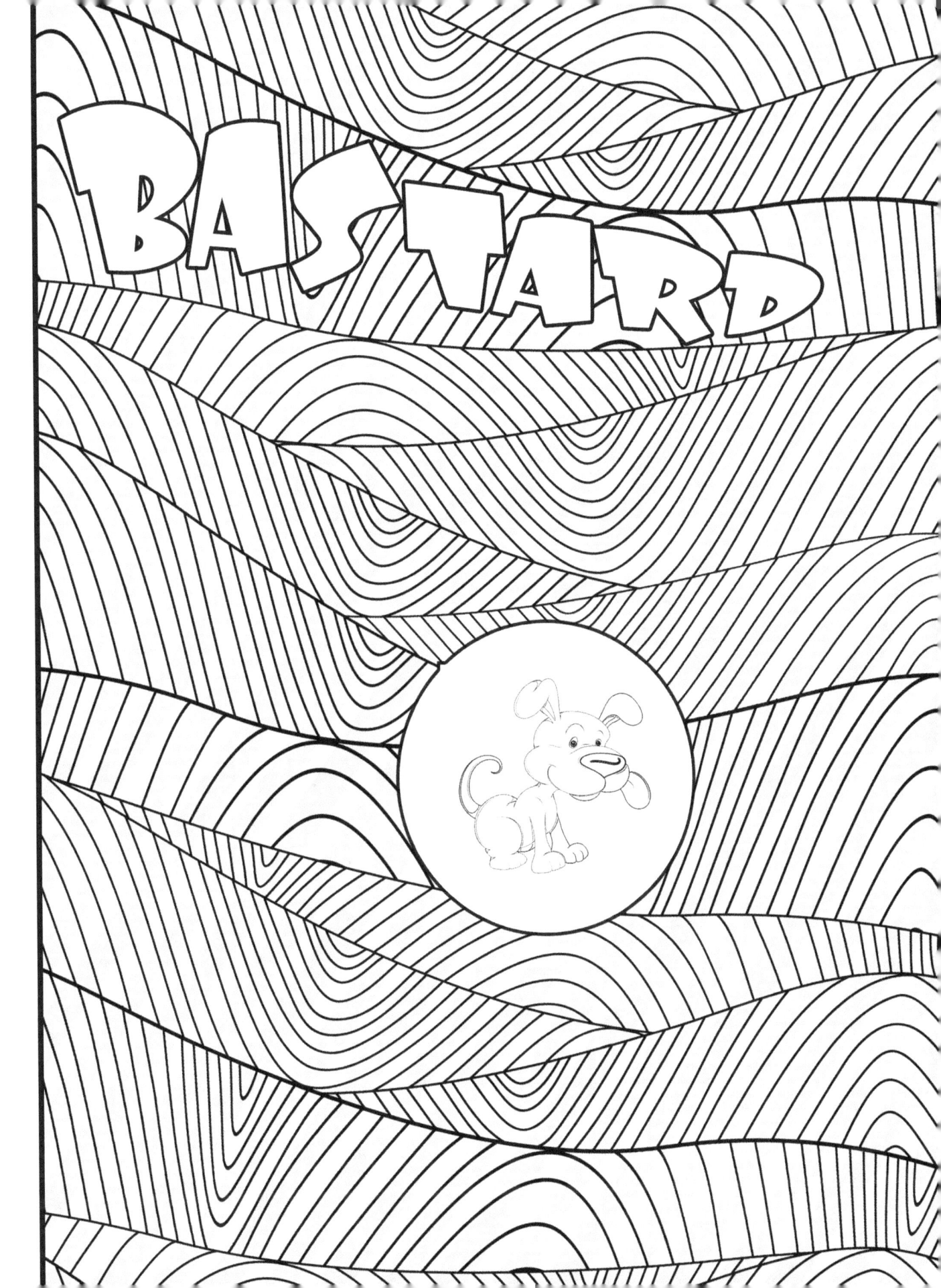

Notes

_____
_____
_____
_____
_____
_____
_____
_____
_____
_____
_____
_____
_____
_____
_____
_____
_____

Drawings or Doodles:

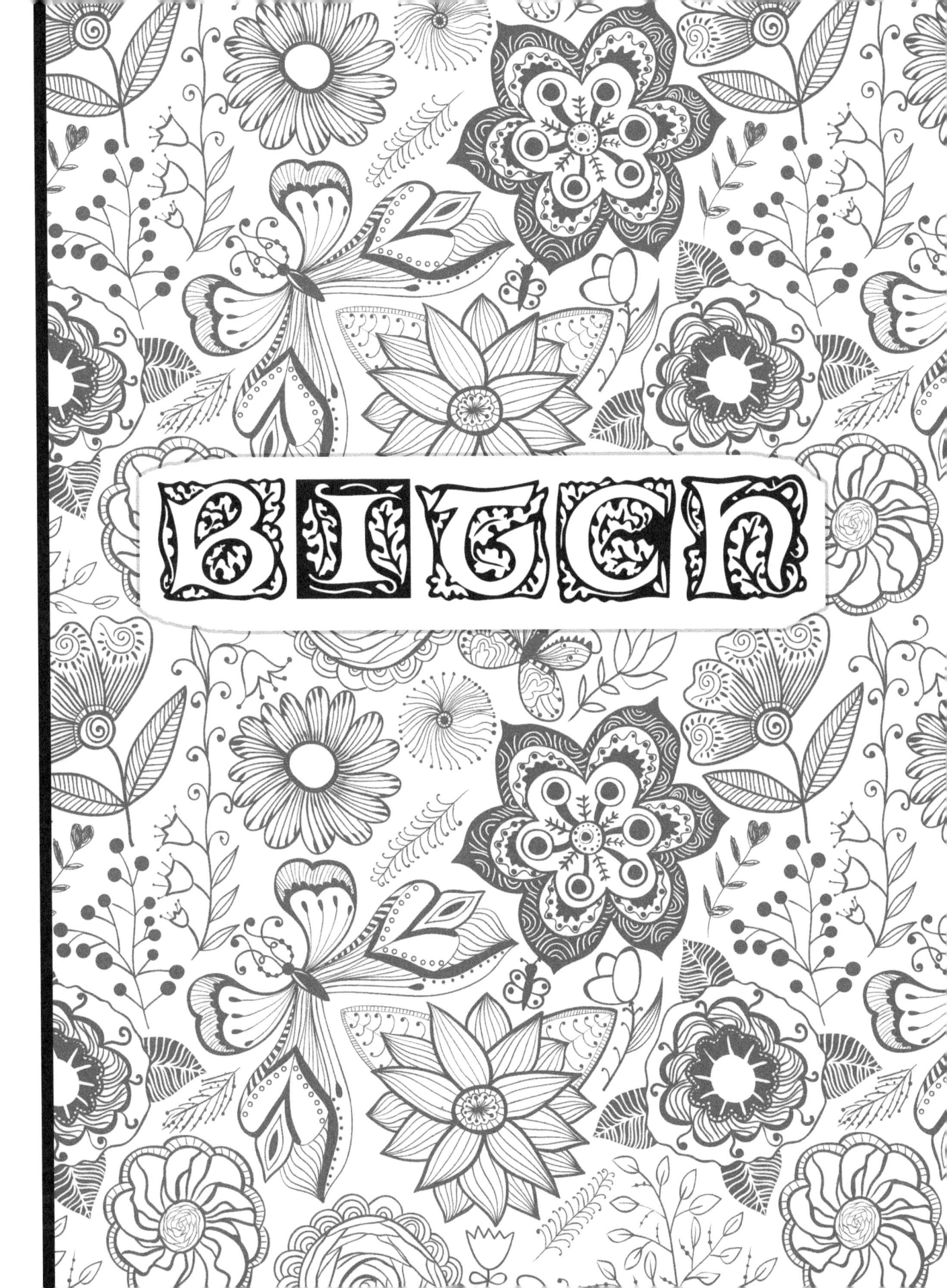

Notes

_____
_____
_____
_____
_____
_____
_____
_____
_____
_____
_____
_____
_____
_____
_____

Drawings or Doodles:

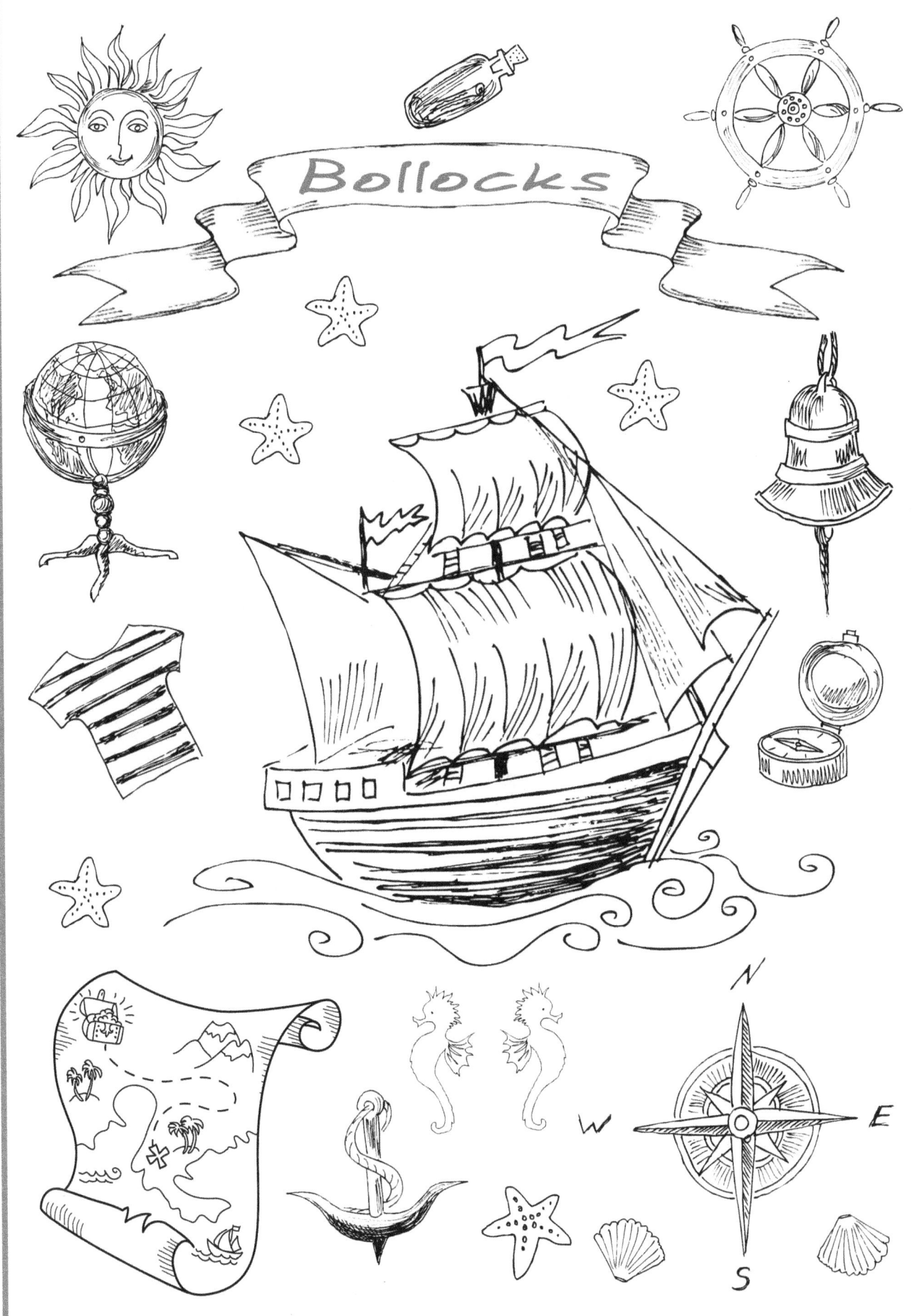

Notes

Drawings or Doodles:

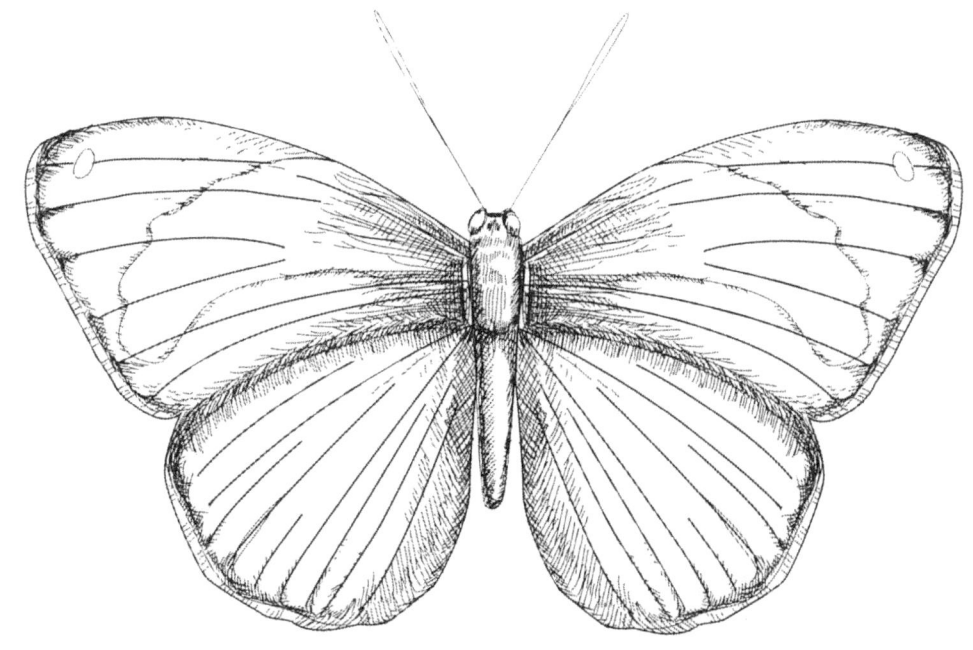

BUGGER

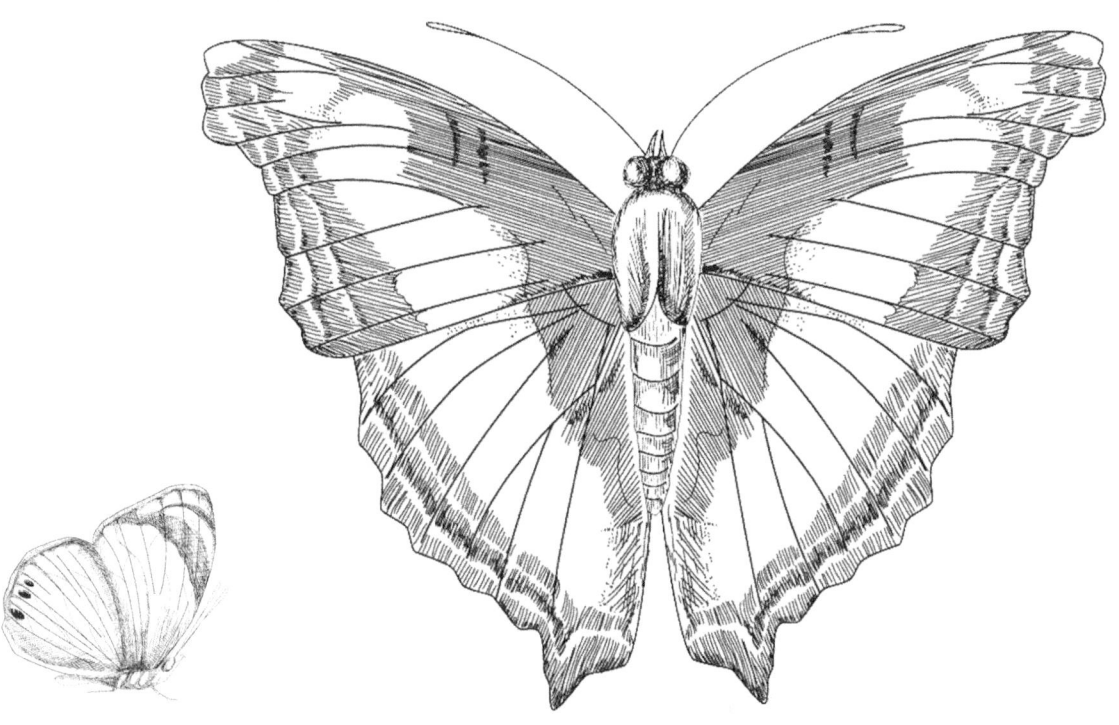

Notes

_____
_____
_____
_____
_____
_____
_____
_____
_____
_____
_____
_____
_____
_____
_____
_____
_____

Drawings or Doodles:

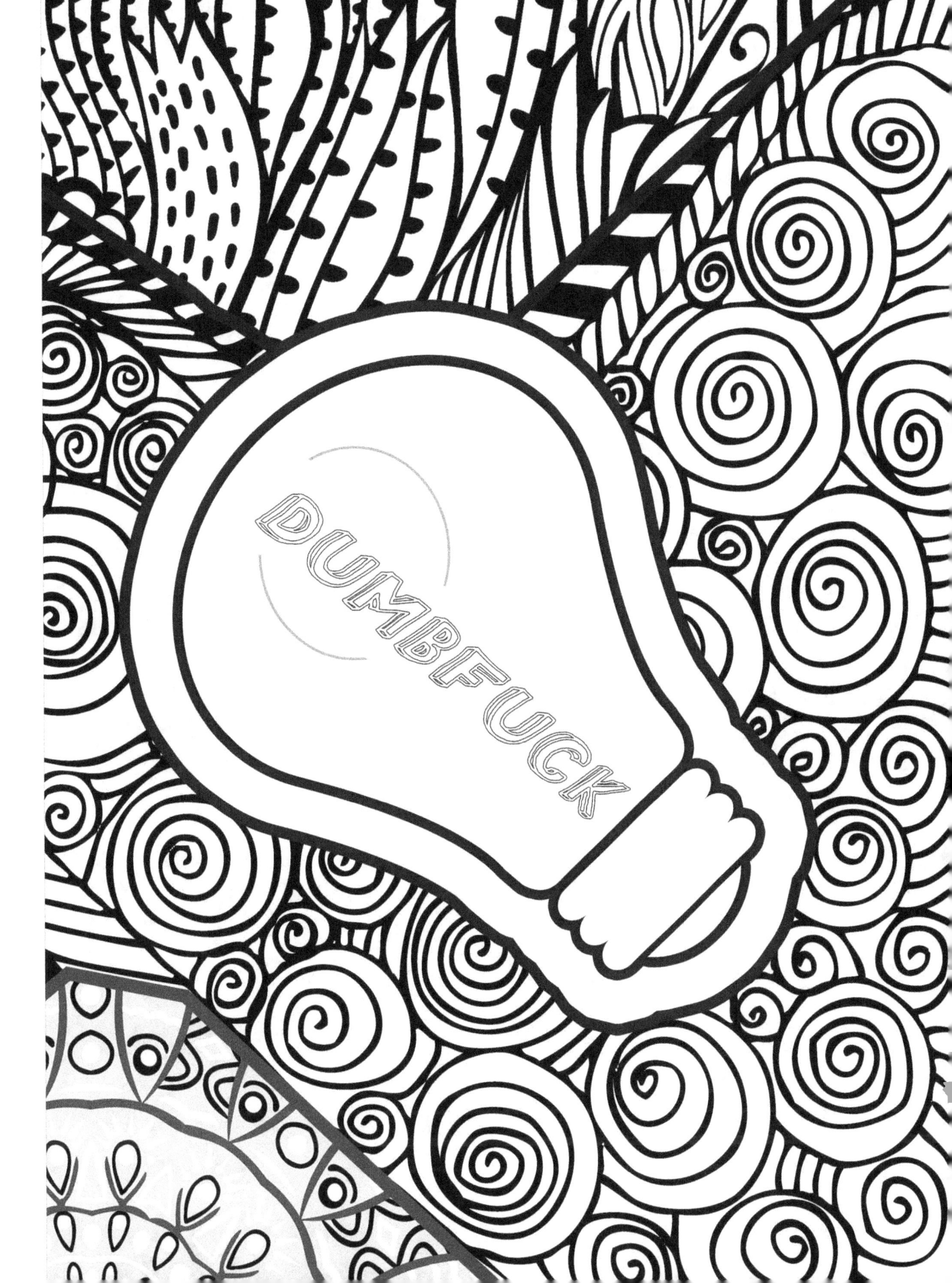

Notes

Drawings or Doodles:

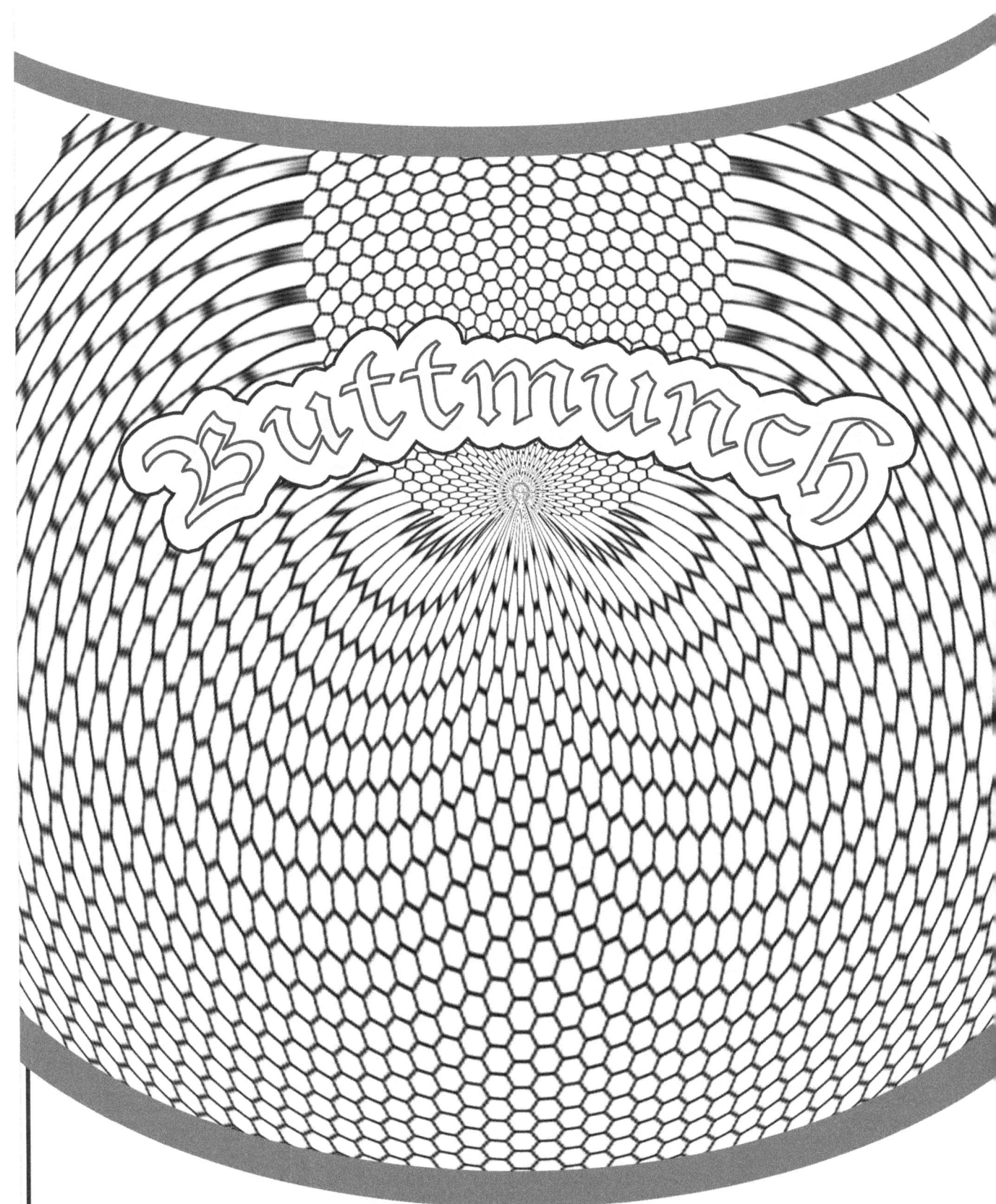

Notes

_____
_____
_____
_____
_____
_____
_____
_____
_____
_____
_____
_____
_____
_____
_____
_____

Drawings or Doodles:

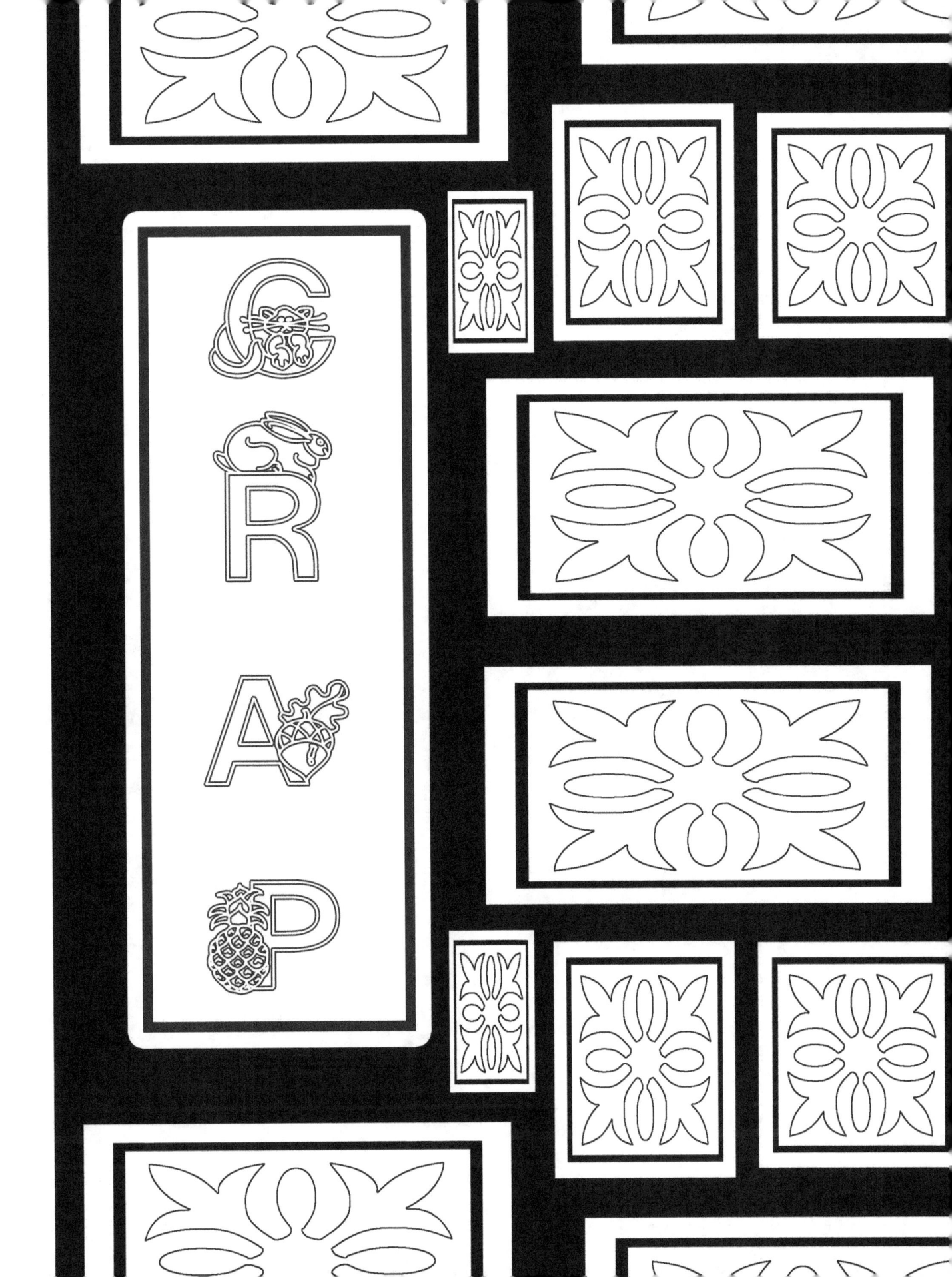

Notes

Drawings or Doodles:

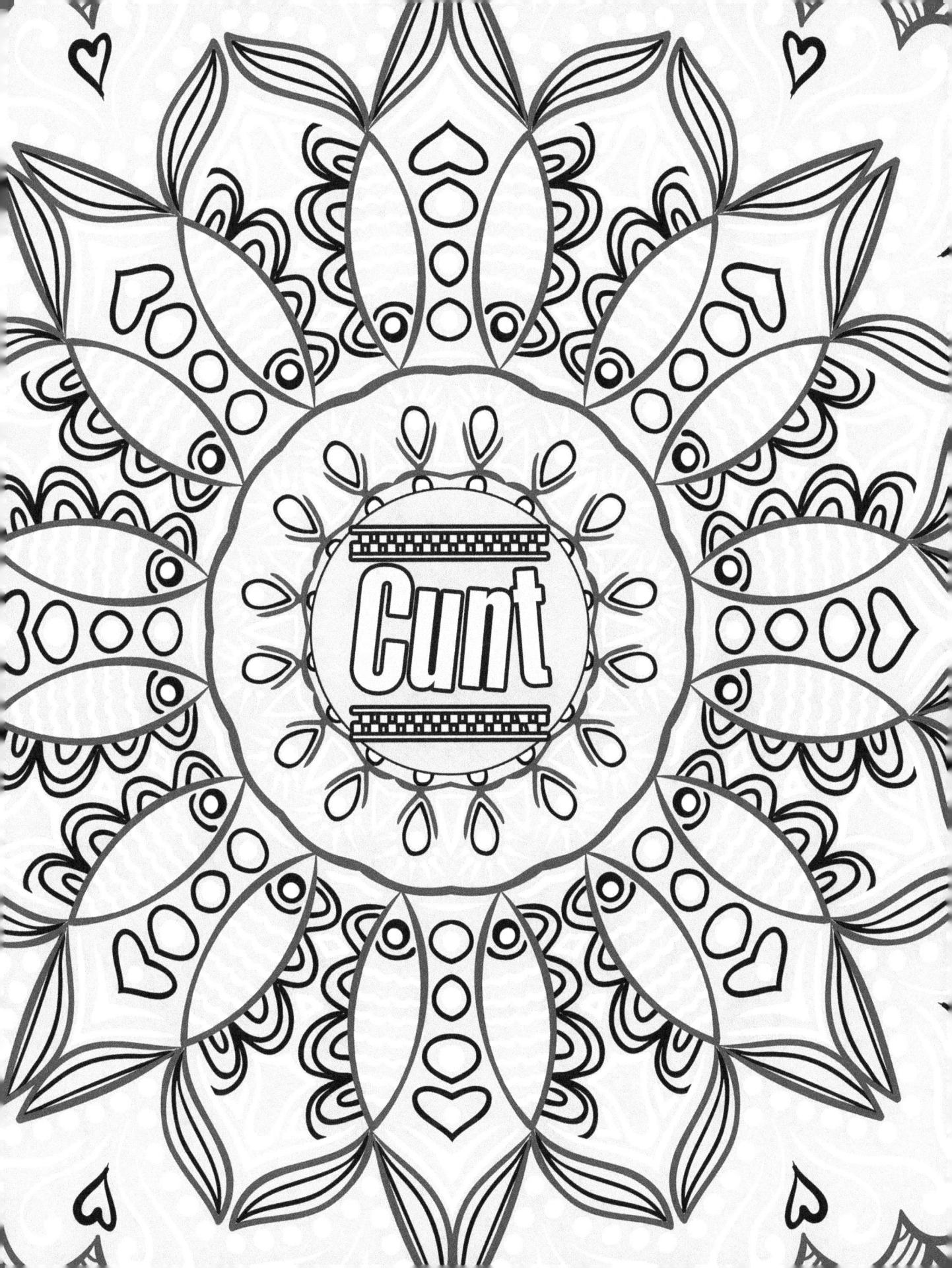

Notes

_____
_____
_____
_____
_____
_____
_____
_____
_____
_____
_____
_____
_____
_____
_____
_____

Drawings or Doodles:

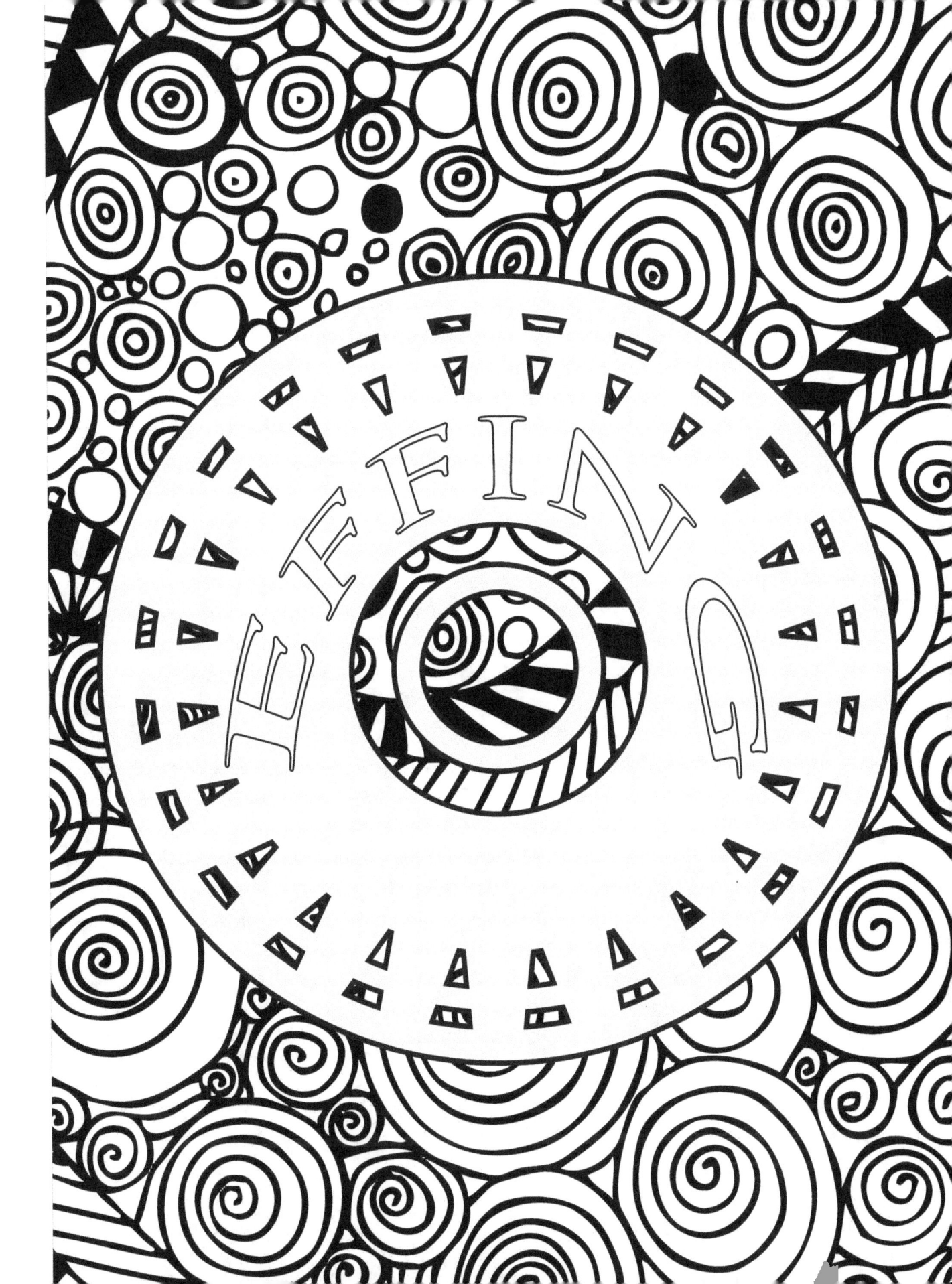

Notes

_____
_____
_____
_____
_____
_____
_____
_____
_____
_____
_____
_____
_____
_____
_____
_____
_____
_____
_____
_____
_____

Drawings or Doodles:

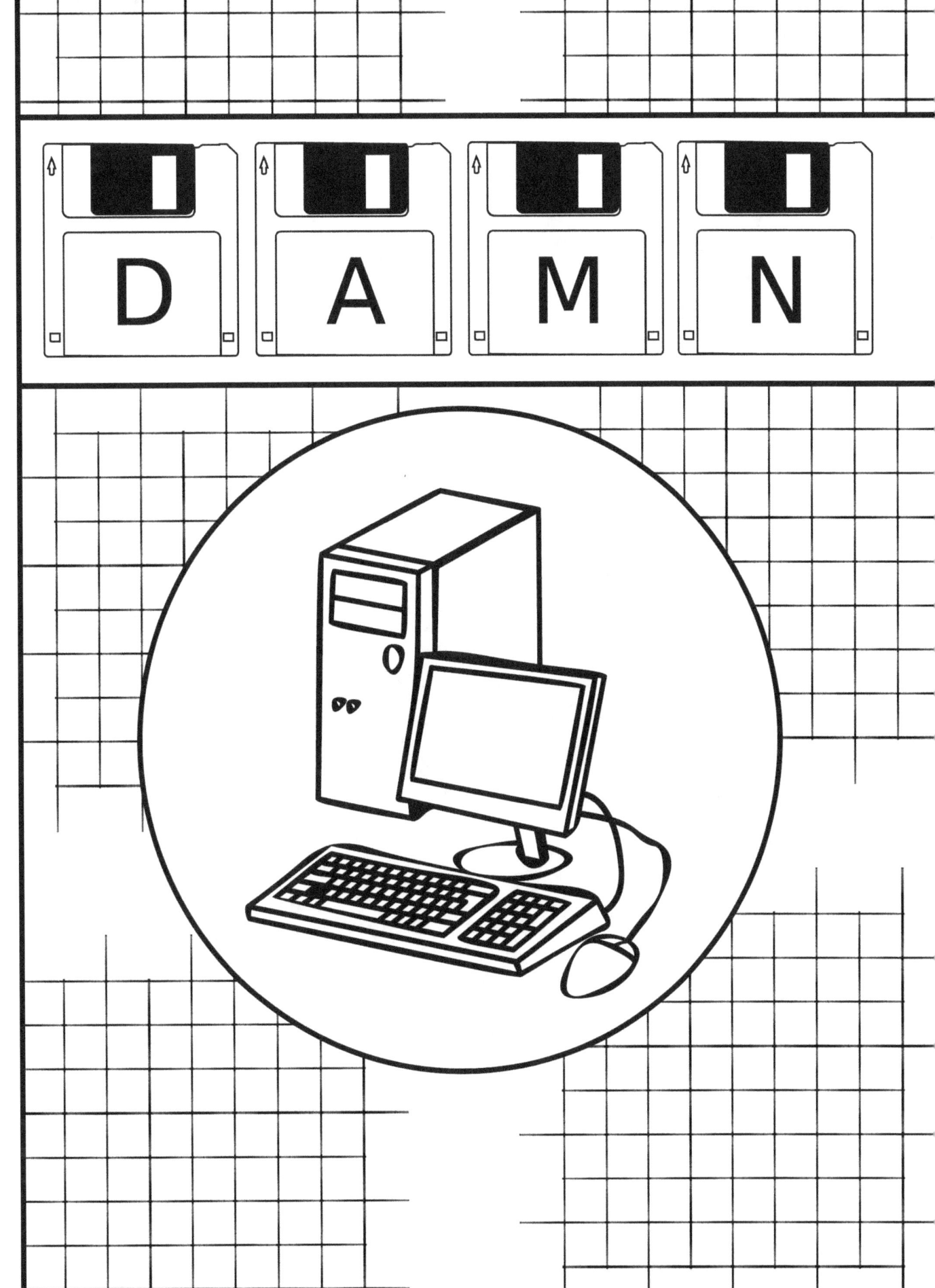

Notes

Drawings or Doodles:

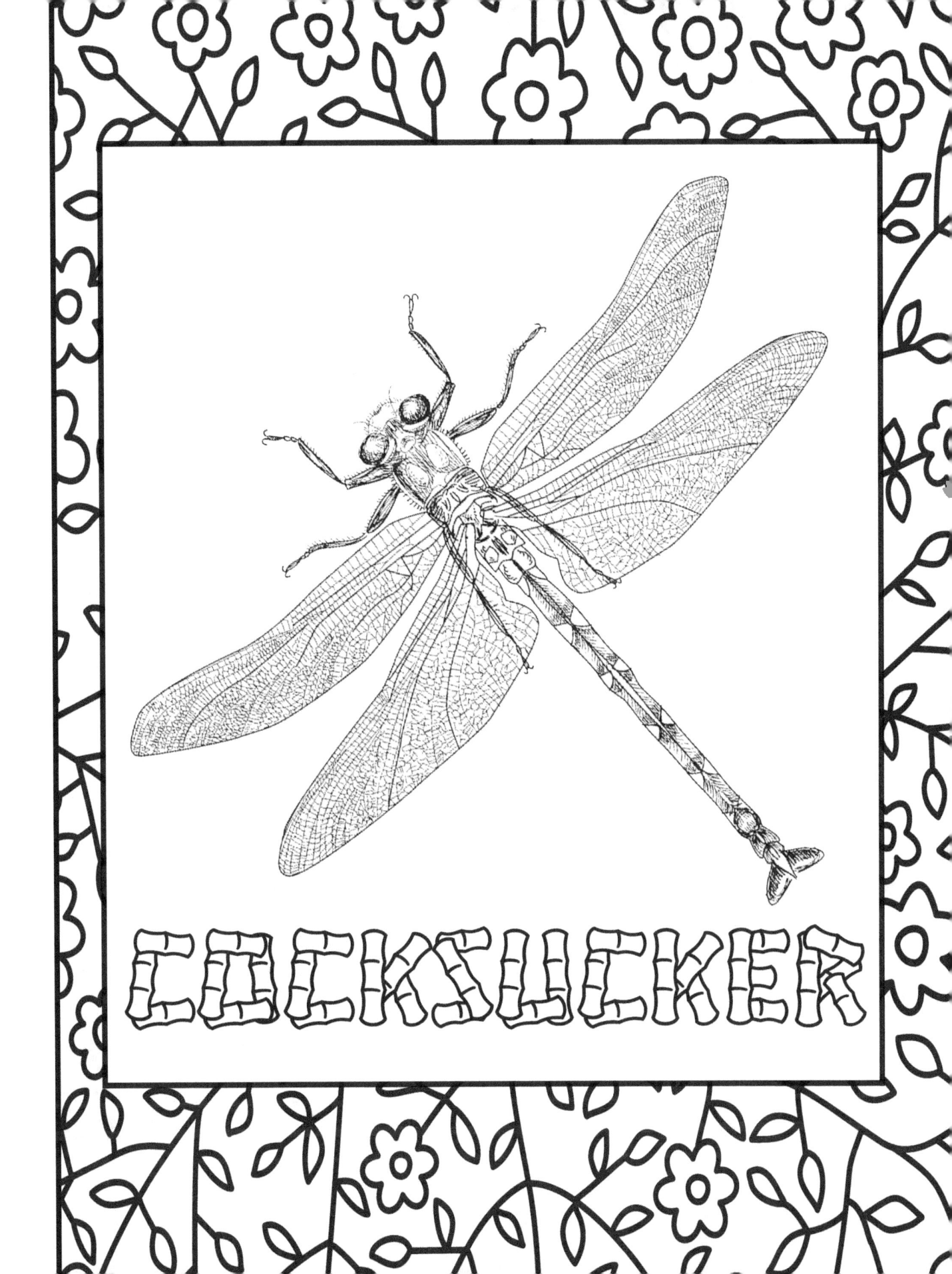

Notes

_____
_____
_____
_____
_____
_____
_____
_____
_____
_____
_____
_____
_____
_____
_____
_____
_____

Drawings or Doodles:

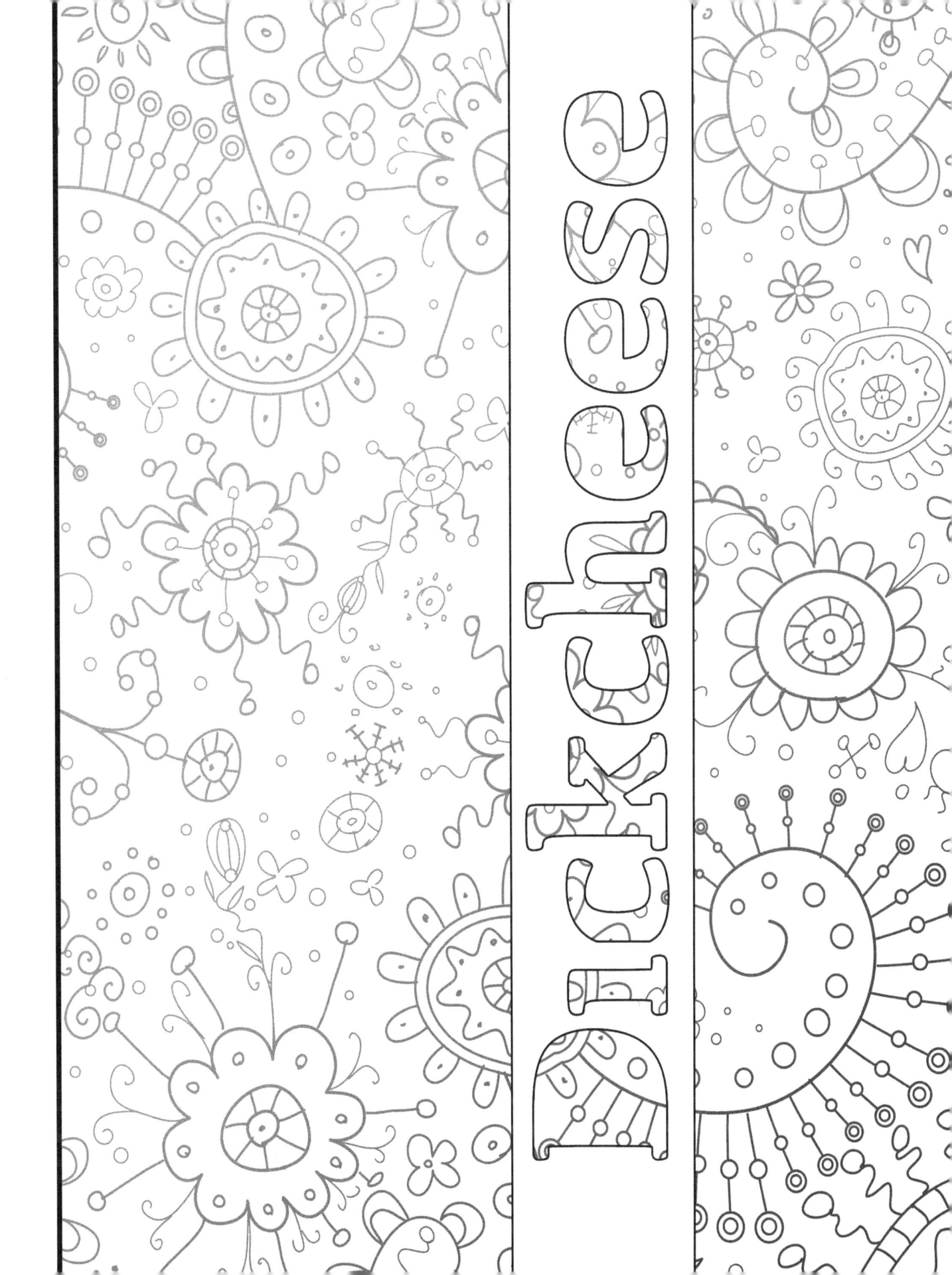

Dickcheese

Notes

_____
_____
_____
_____
_____
_____
_____
_____
_____
_____
_____
_____
_____
_____
_____
_____

Drawings or Doodles:

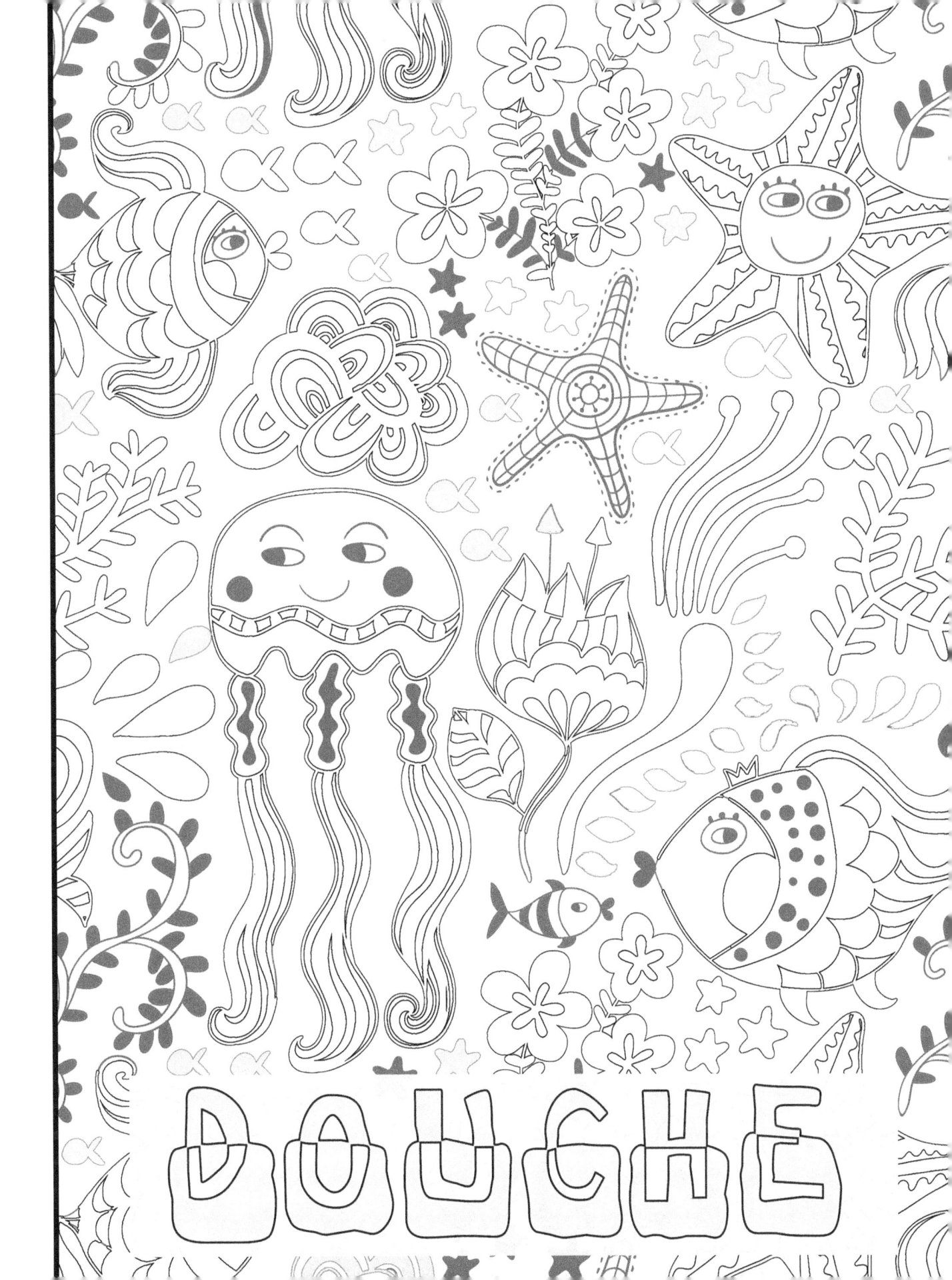

Notes

_____
_____
_____
_____
_____
_____
_____
_____
_____
_____
_____
_____
_____
_____
_____
_____
_____

Drawings or Doodles:

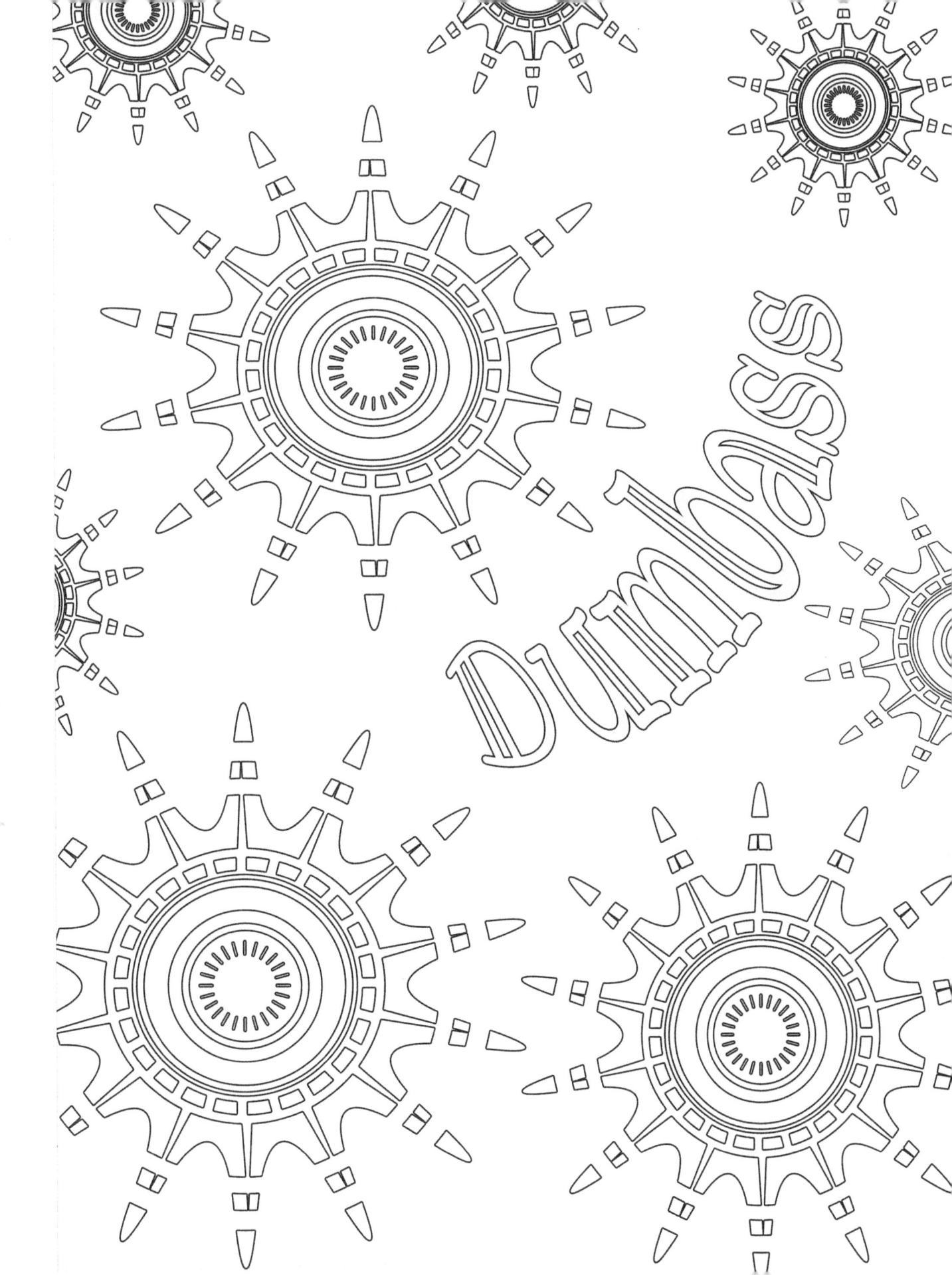

Notes

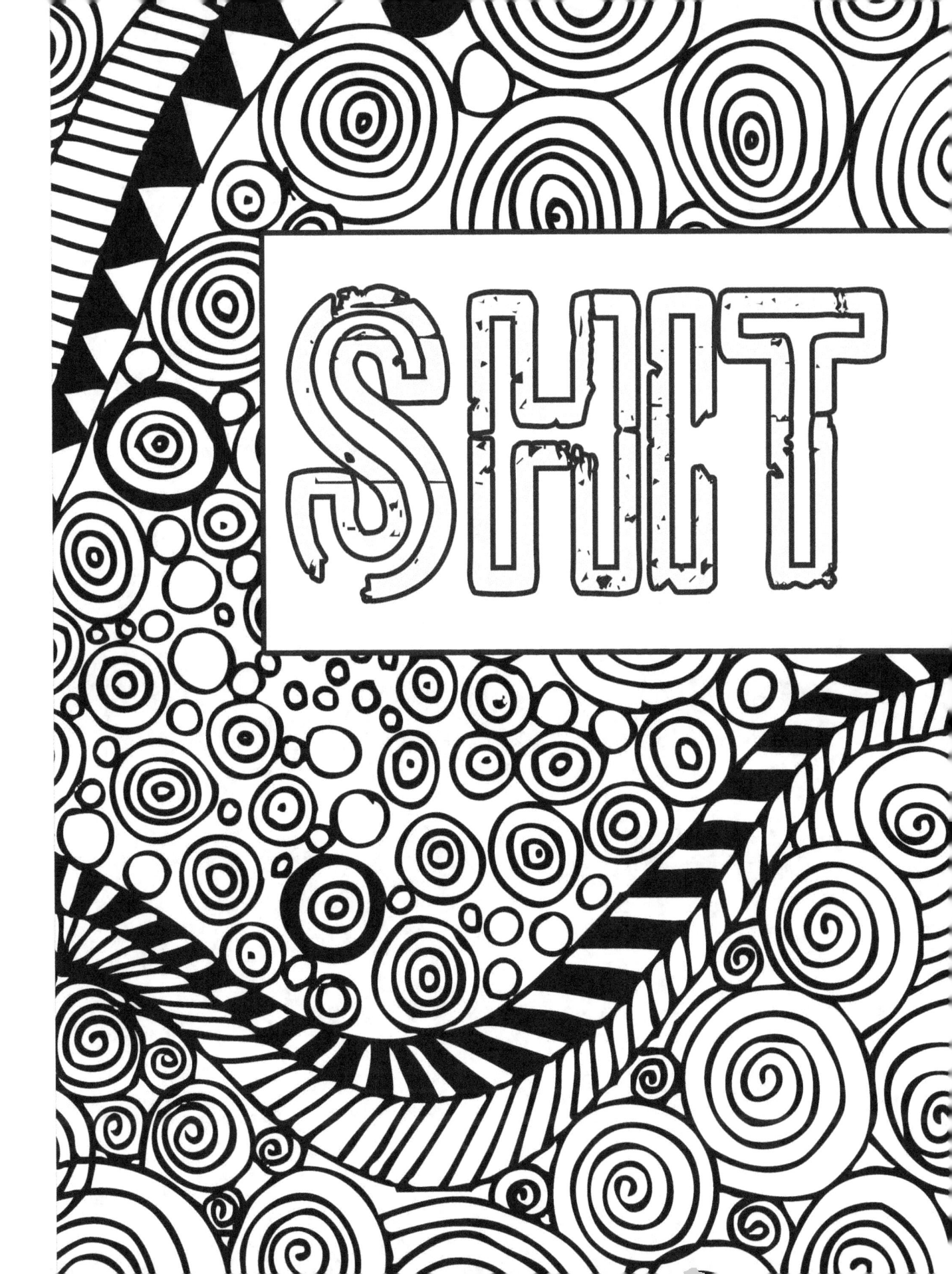

Notes

Drawings or Doodles:

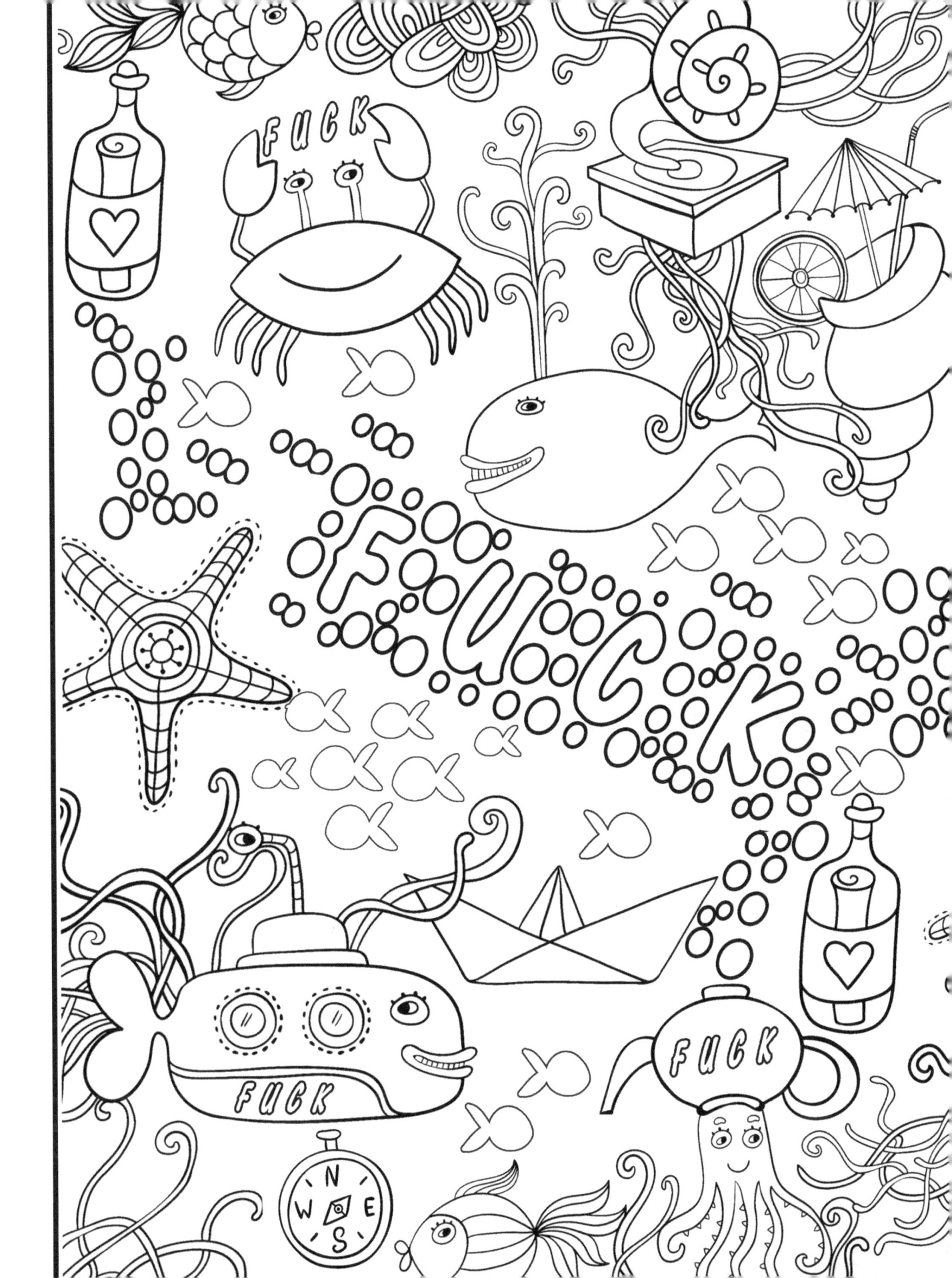

Notes

_____

Drawings or Doodles:

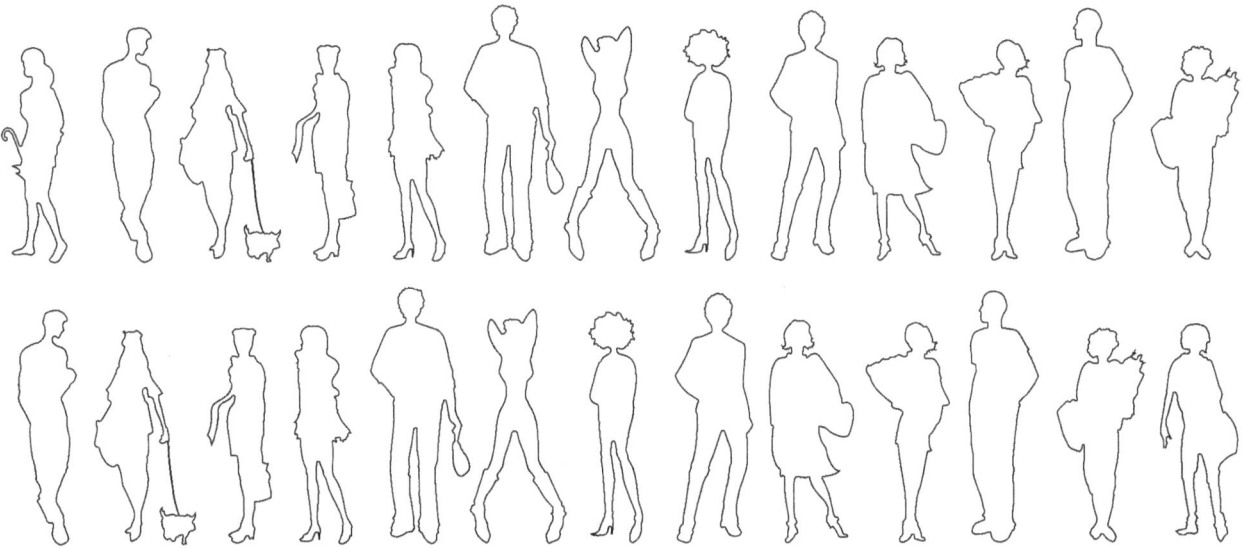

GANGBANG

Notes

_____
_____
_____
_____
_____
_____
_____
_____
_____
_____
_____
_____
_____
_____
_____
_____
_____

Drawings or Doodles:

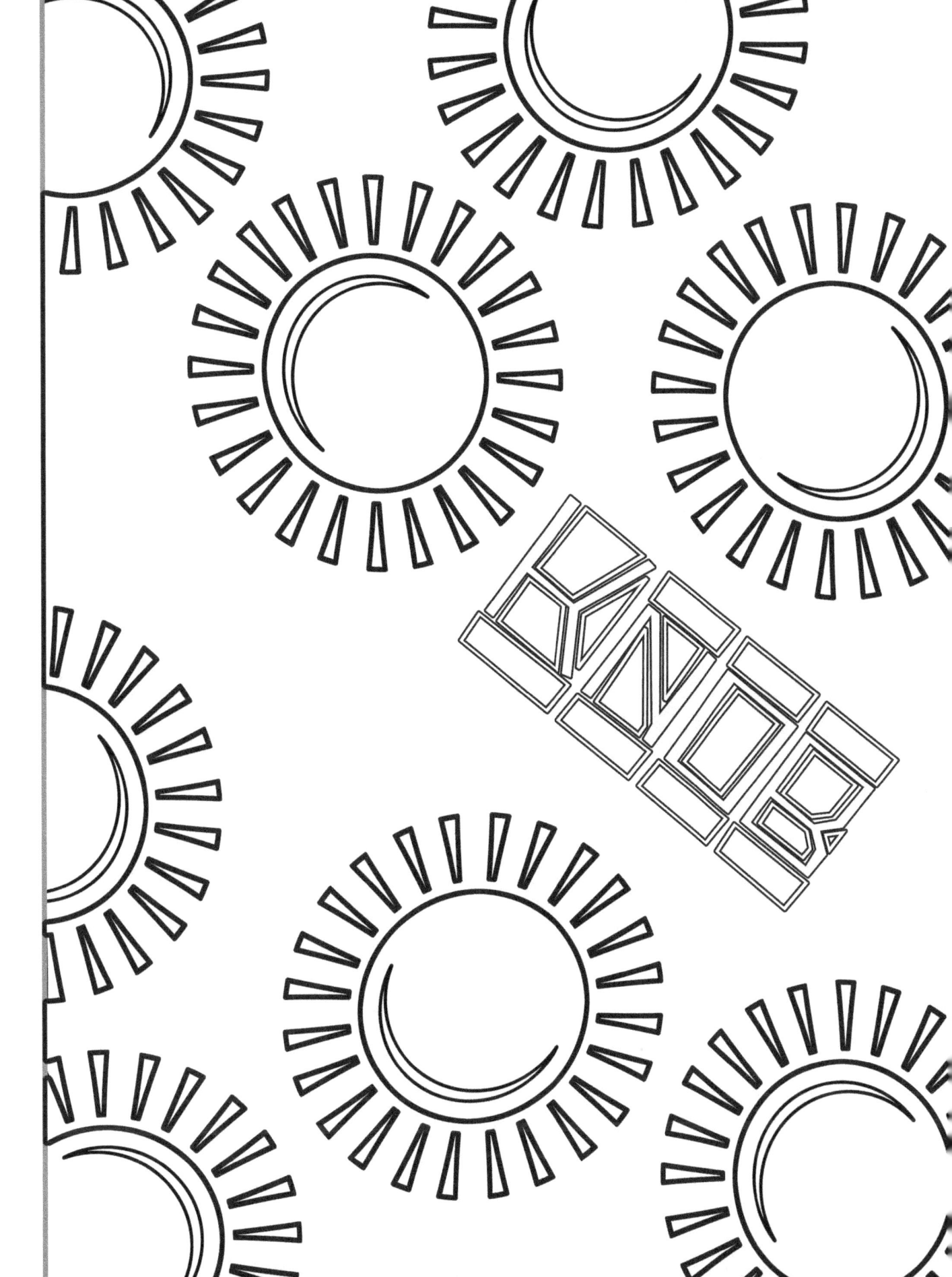

Notes

_____
_____
_____
_____
_____
_____
_____
_____
_____
_____
_____
_____
_____
_____
_____
_____
_____
_____
_____
_____

Drawings or Doodles:

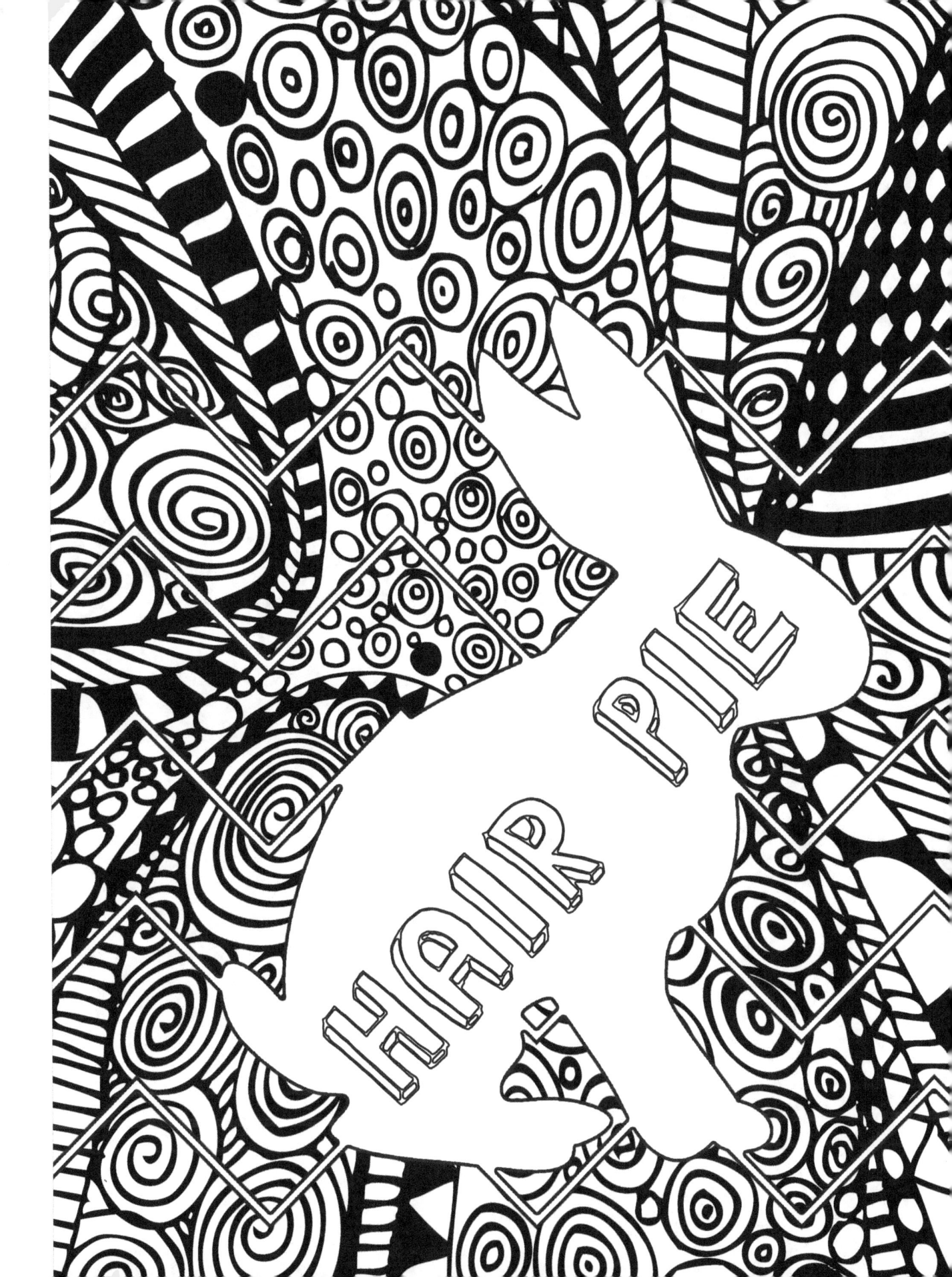

Notes

Drawings or Doodles:

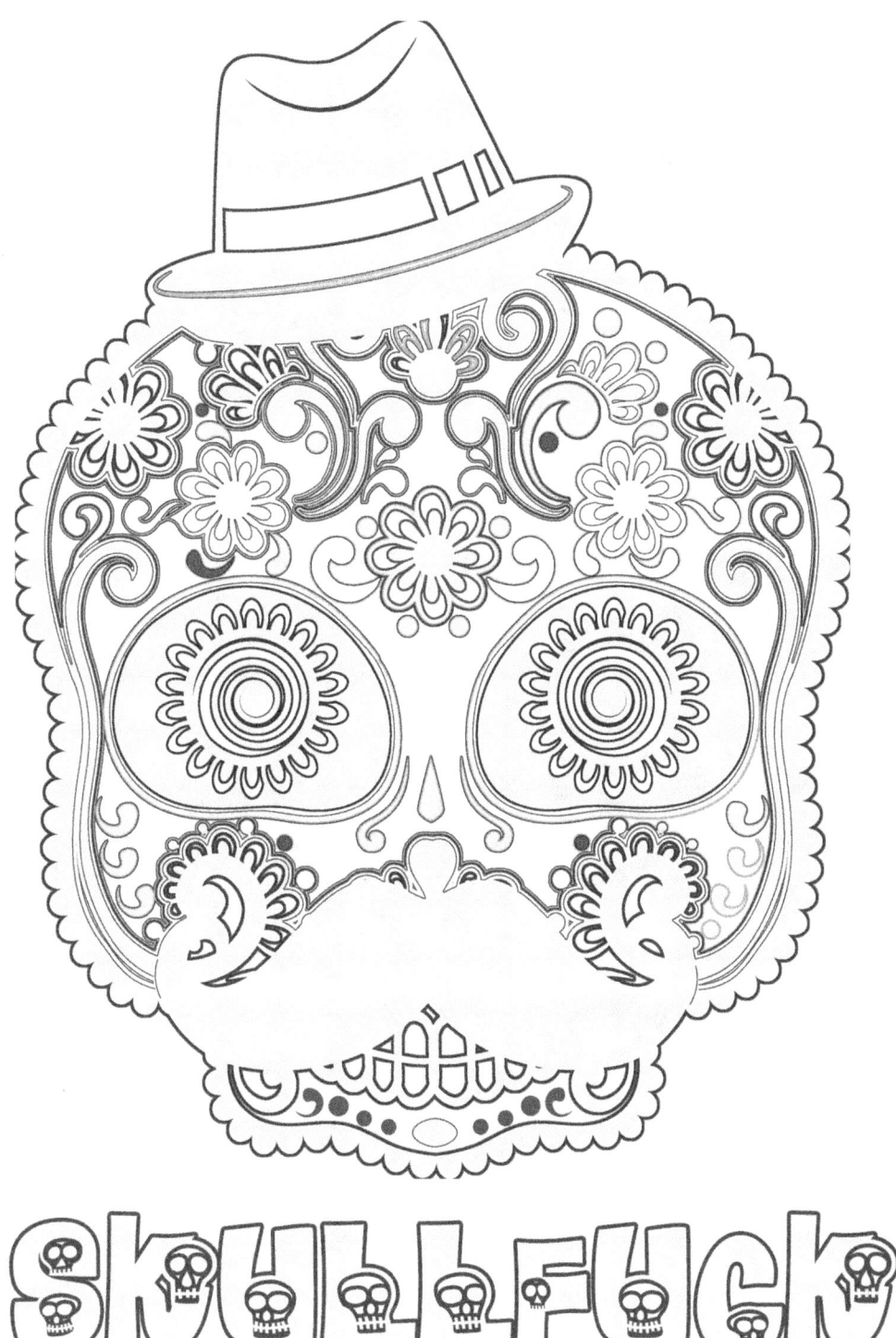

Notes

_____
_____
_____
_____
_____
_____
_____
_____
_____
_____
_____
_____
_____
_____
_____
_____
_____
_____

Drawings or Doodles:

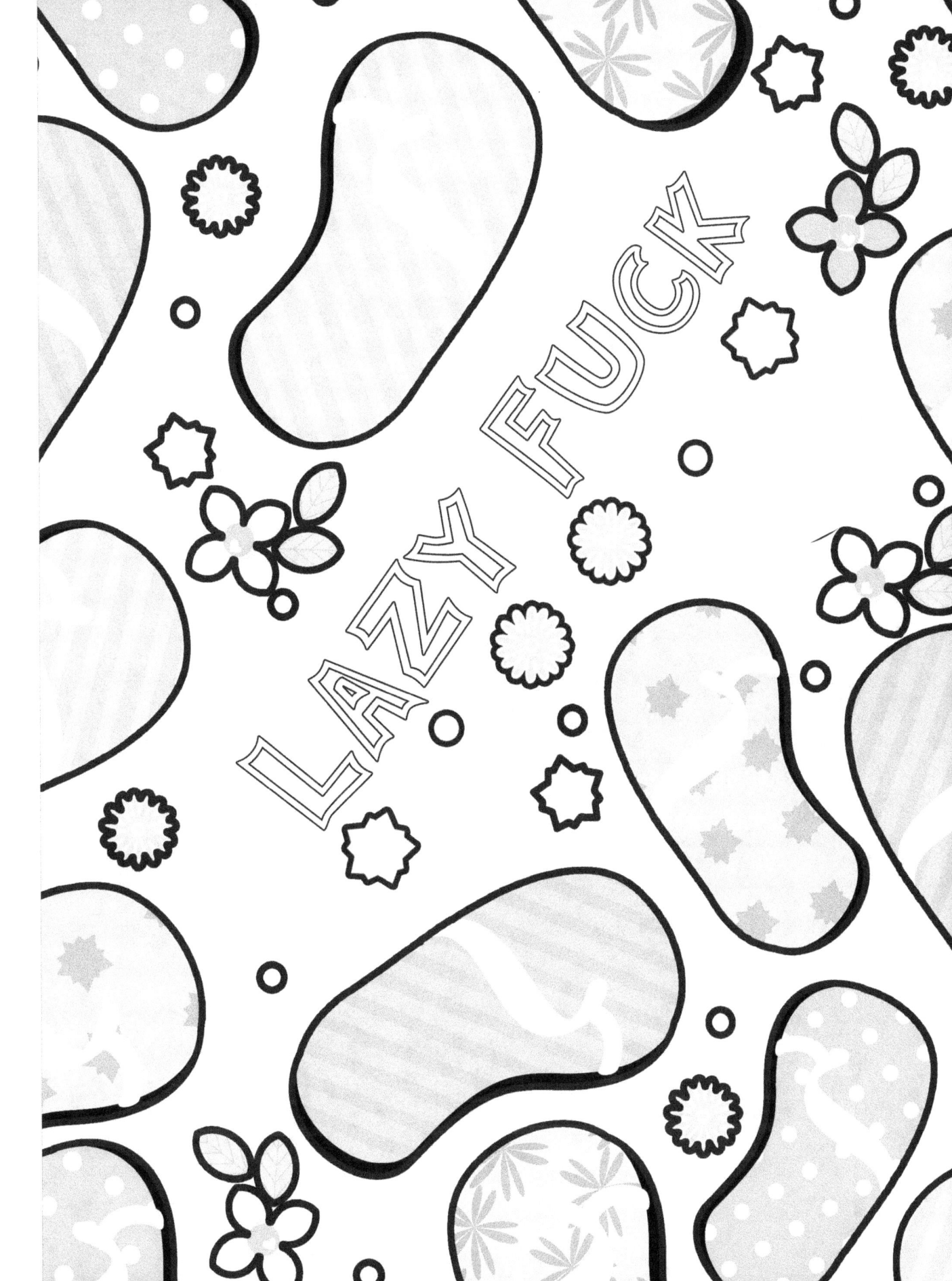

Notes

_____
_____
_____
_____
_____
_____
_____
_____
_____
_____
_____
_____
_____
_____
_____
_____
_____

Drawings or Doodles:

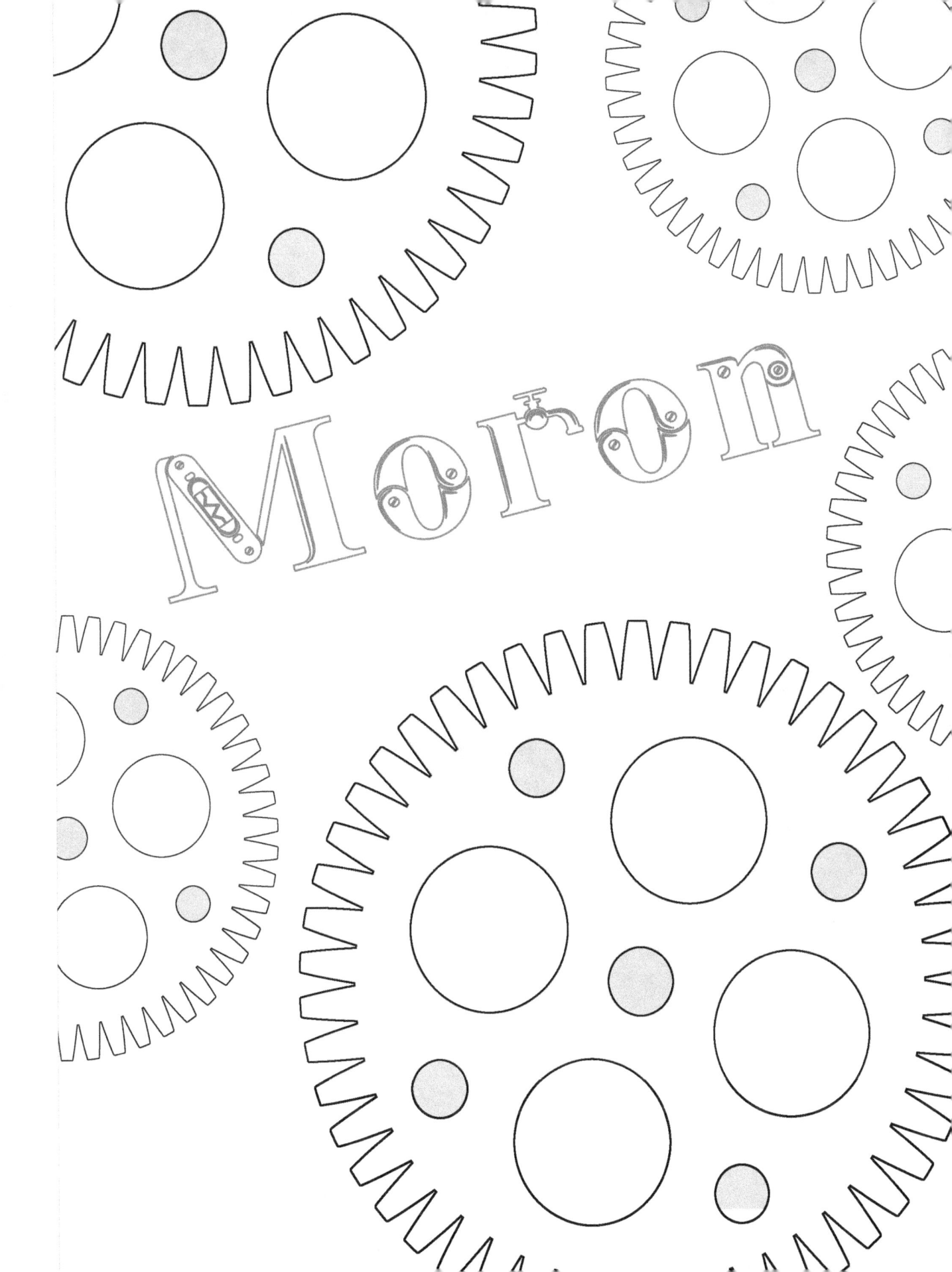

Notes

Drawings or Doodles:

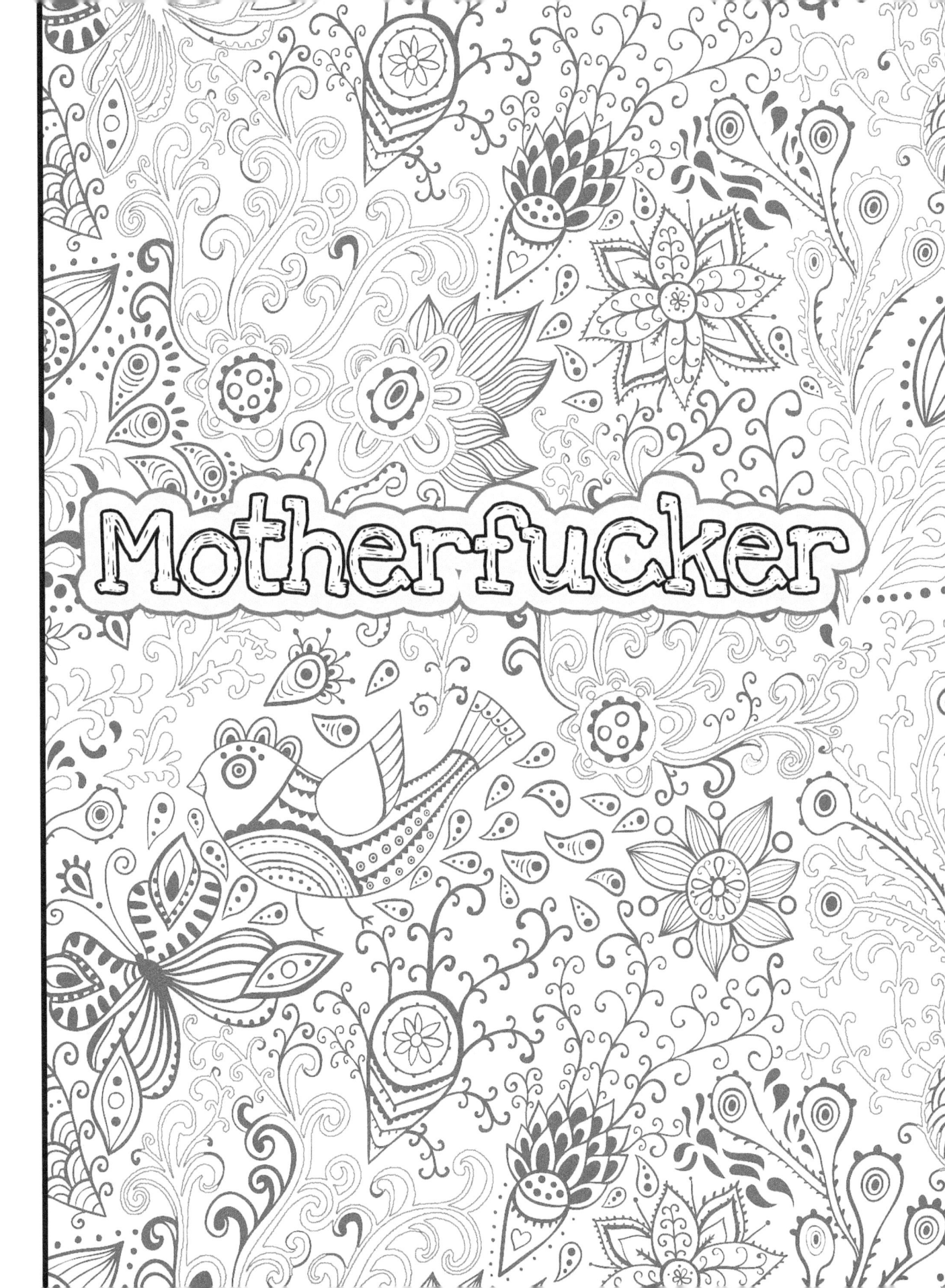

Notes

Drawings or Doodles:

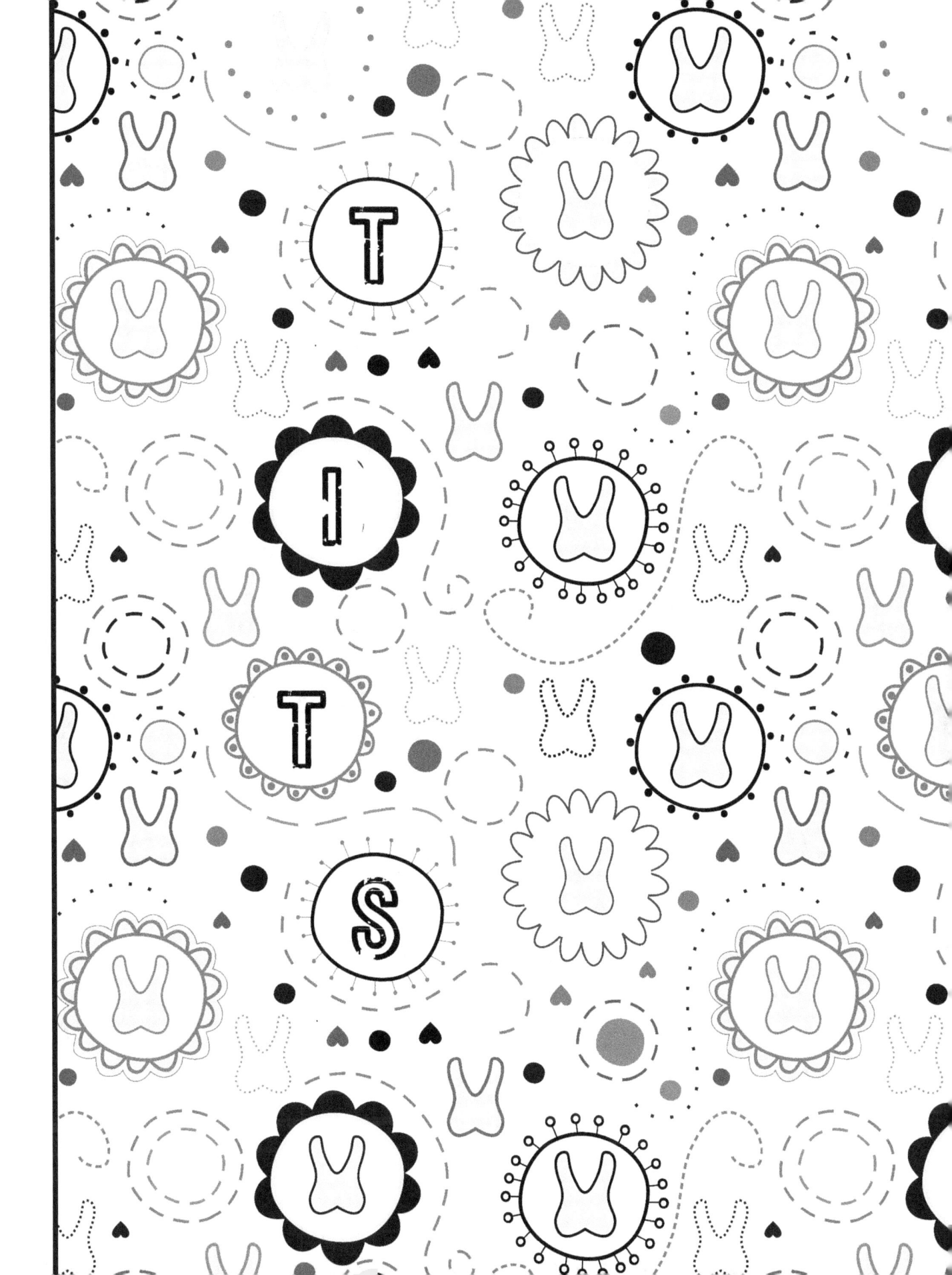

Notes

_____

_____

_____

_____

_____

_____

_____

_____

_____

_____

_____

_____

_____

_____

_____

_____

Drawings or Doodles:

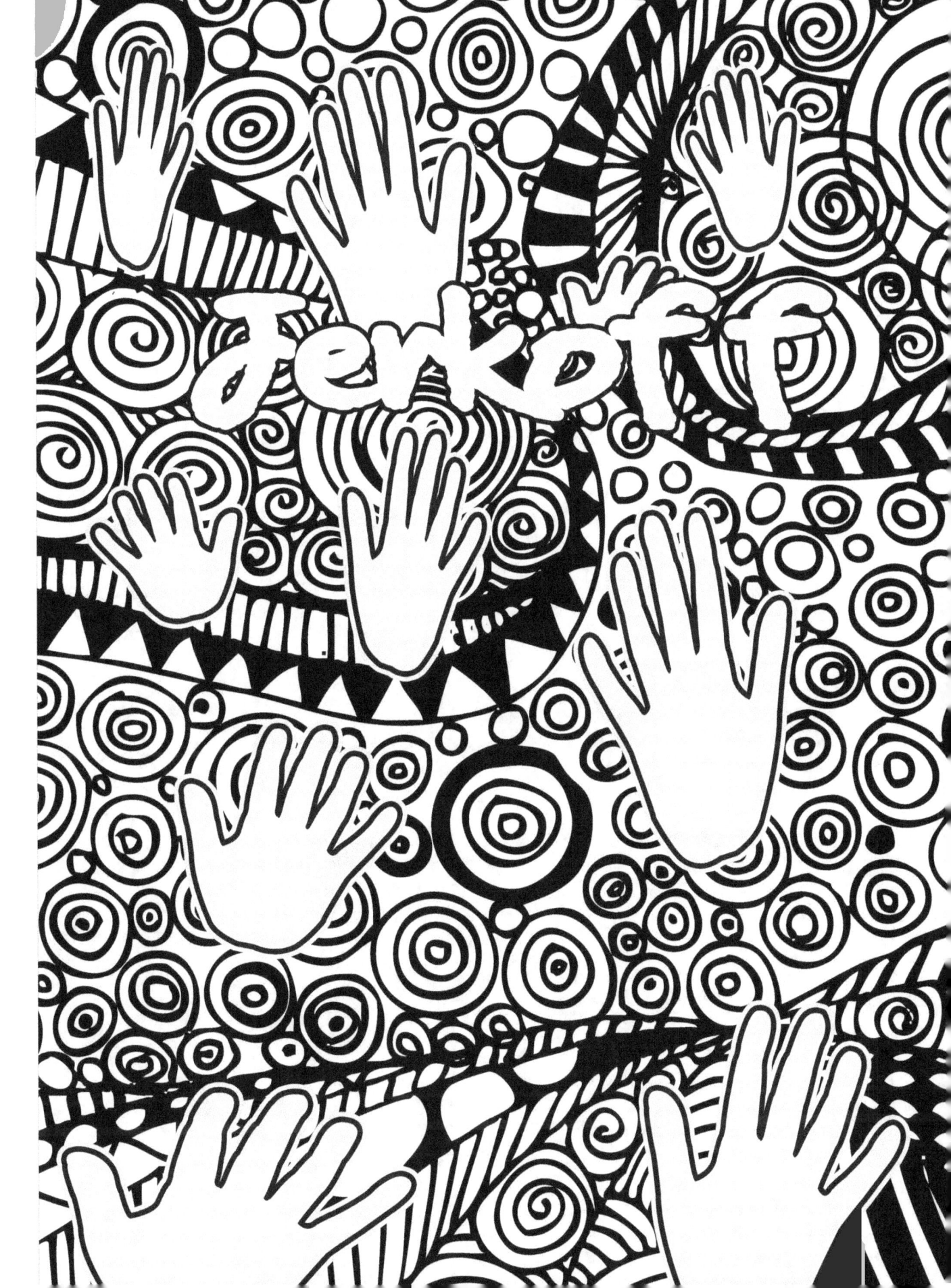

Notes

Drawings or Doodles:

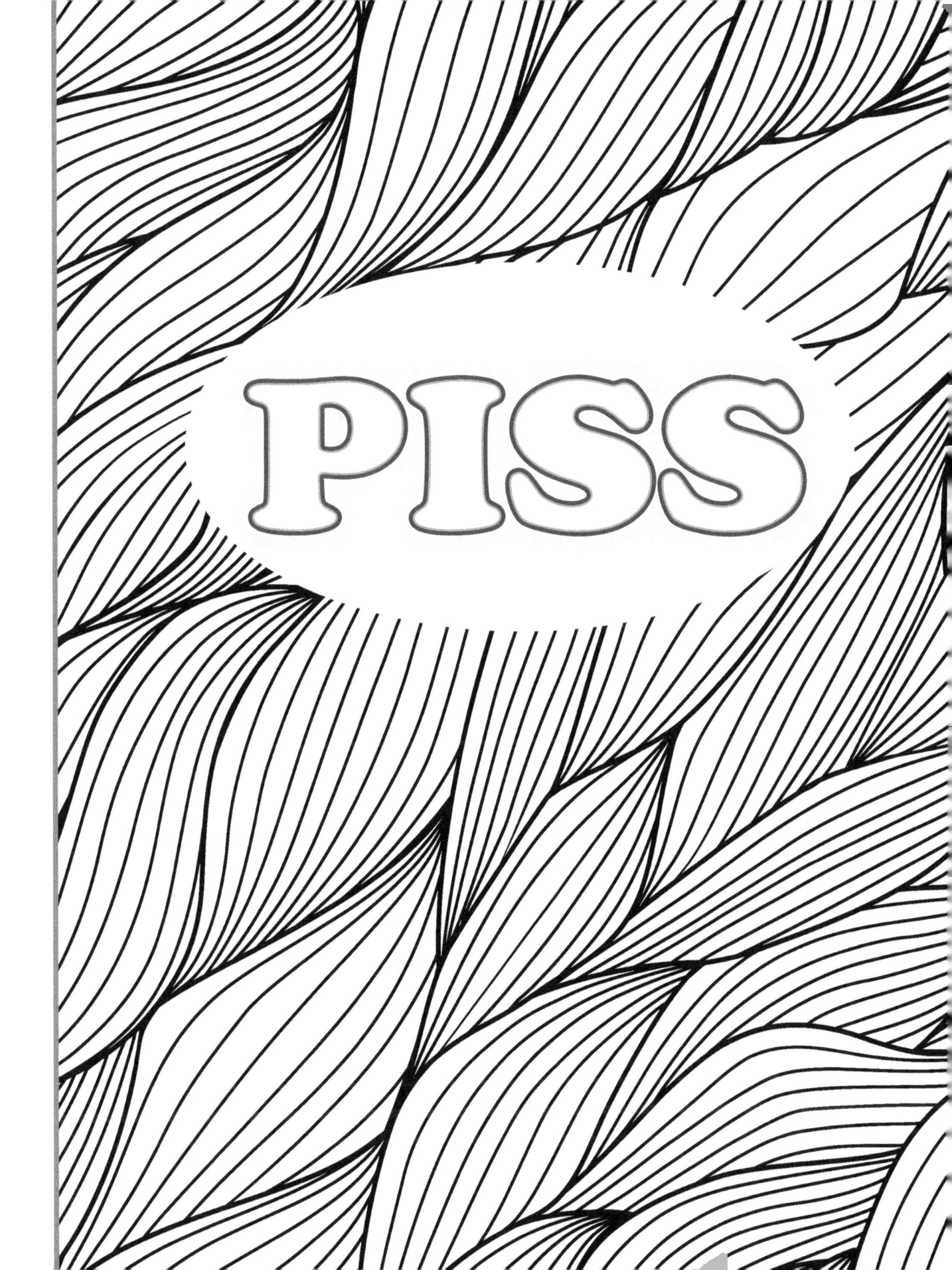

Notes

Drawings or Doodles:

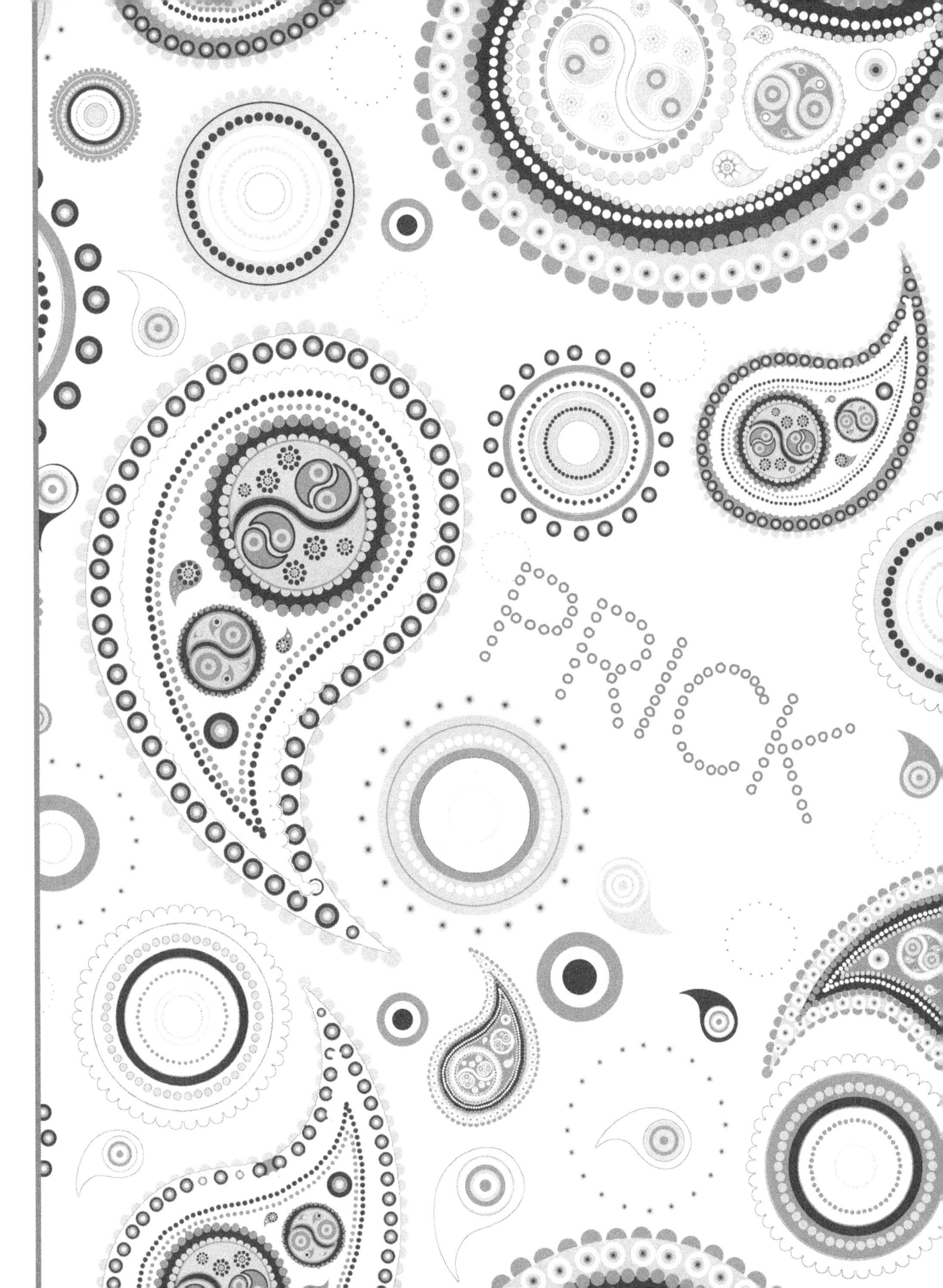

Notes

_____
_____
_____
_____
_____
_____
_____
_____
_____
_____
_____
_____
_____
_____
_____
_____

Drawings or Doodles:

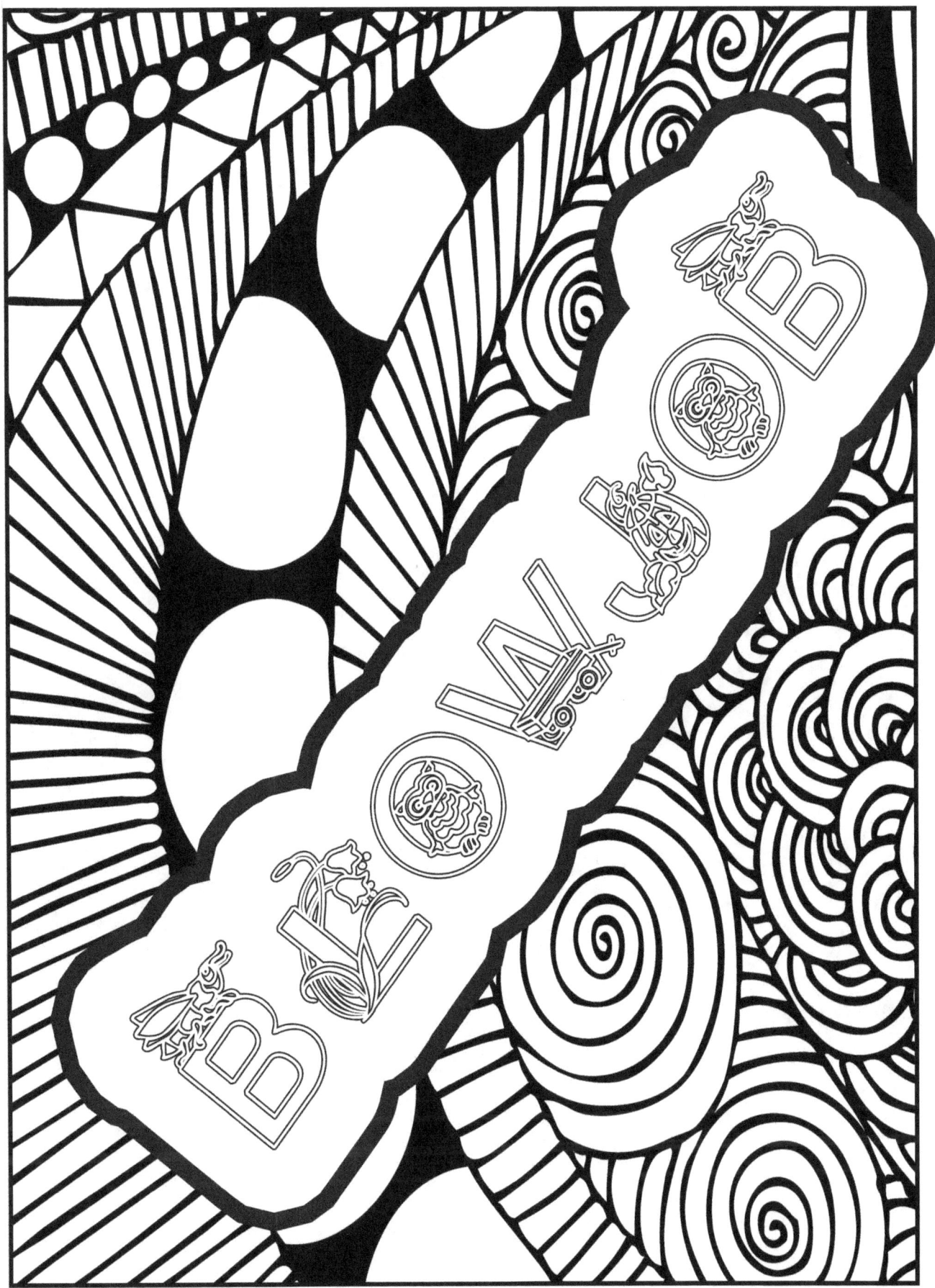

Notes

_____
_____
_____
_____
_____
_____
_____
_____
_____
_____
_____
_____
_____
_____
_____
_____
_____

Drawings or Doodles:

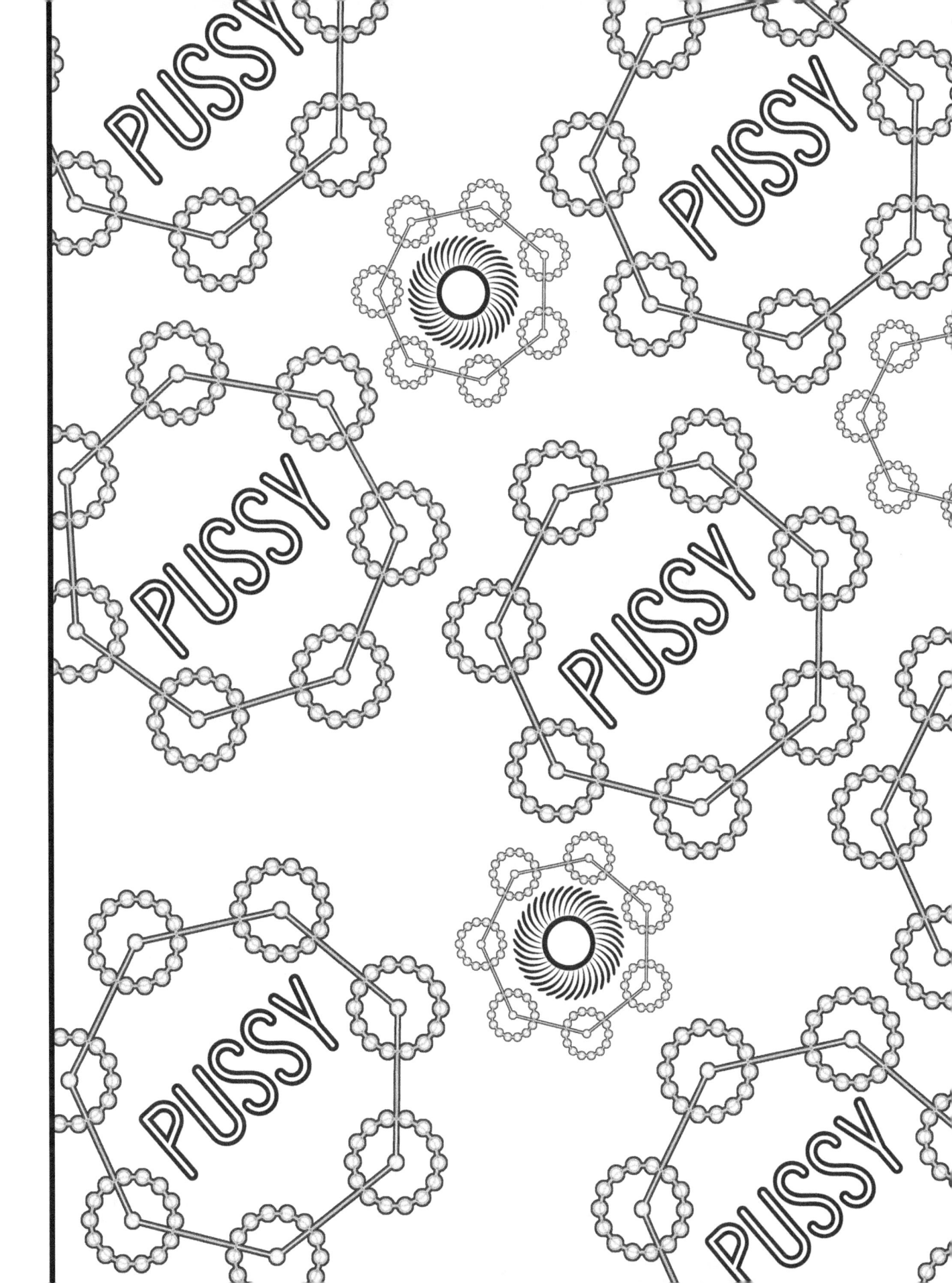

Notes

_____
_____
_____
_____
_____
_____
_____
_____
_____
_____
_____
_____
_____
_____
_____
_____

Drawings or Doodles:

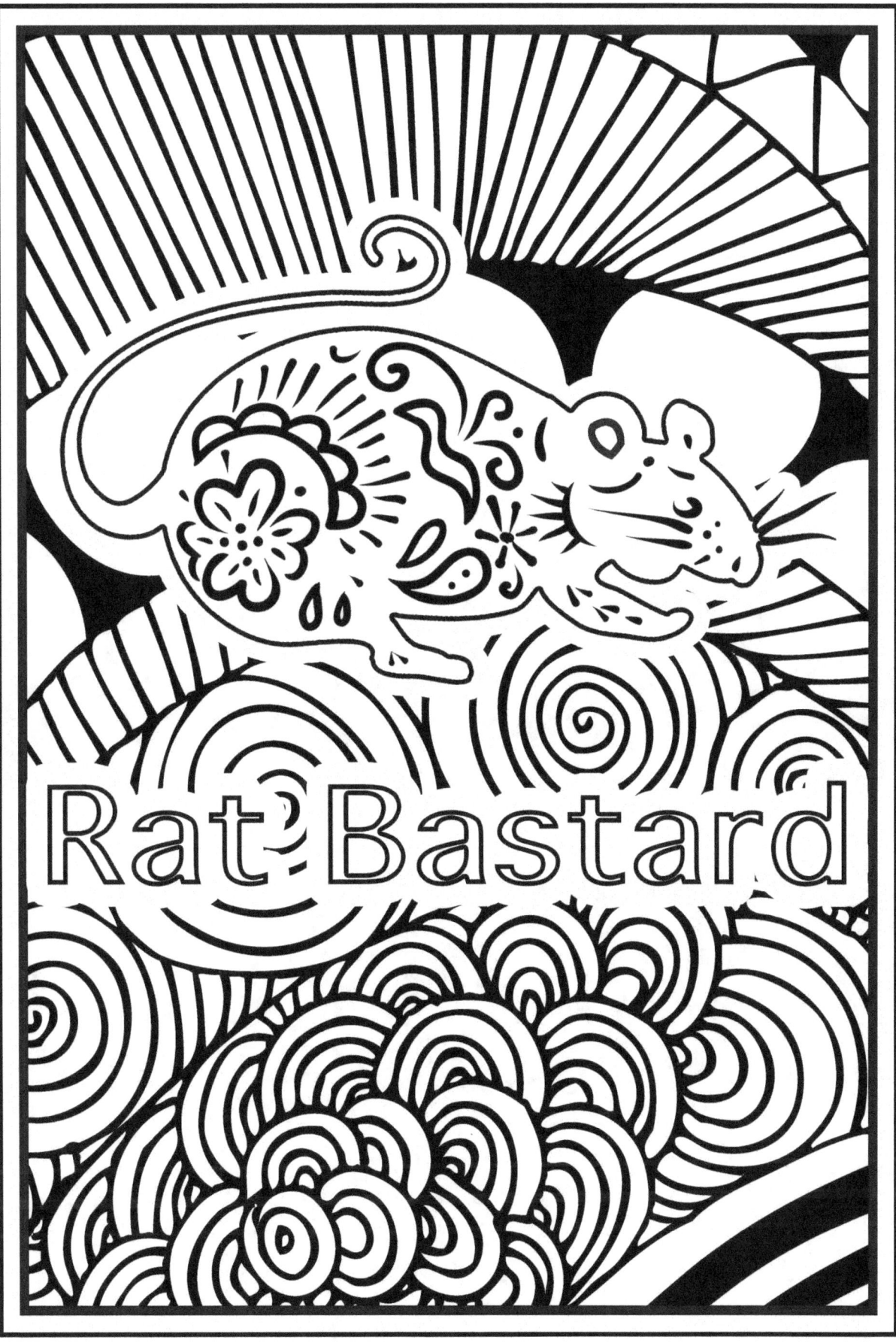

Notes

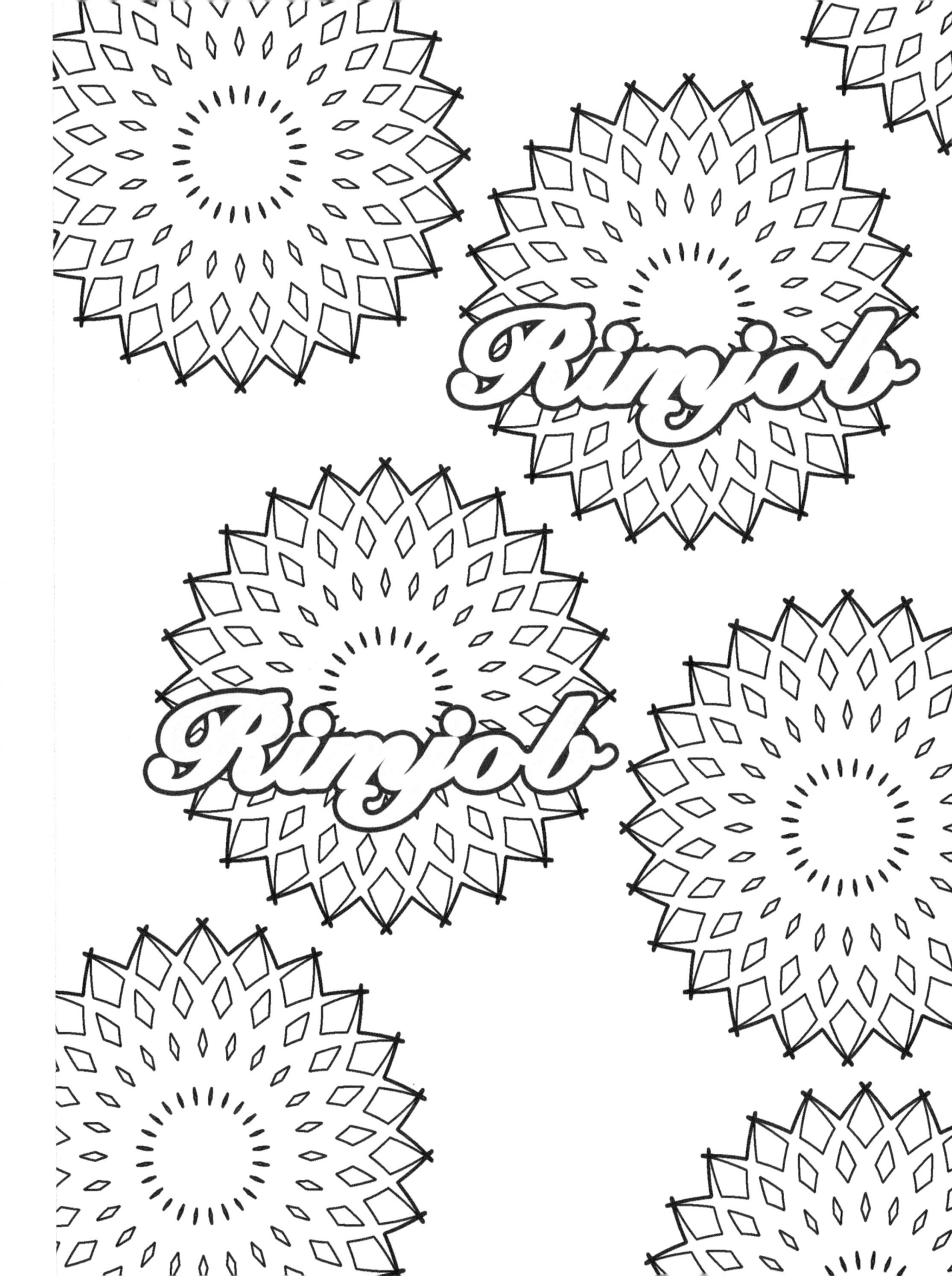

Drawings or Doodles:

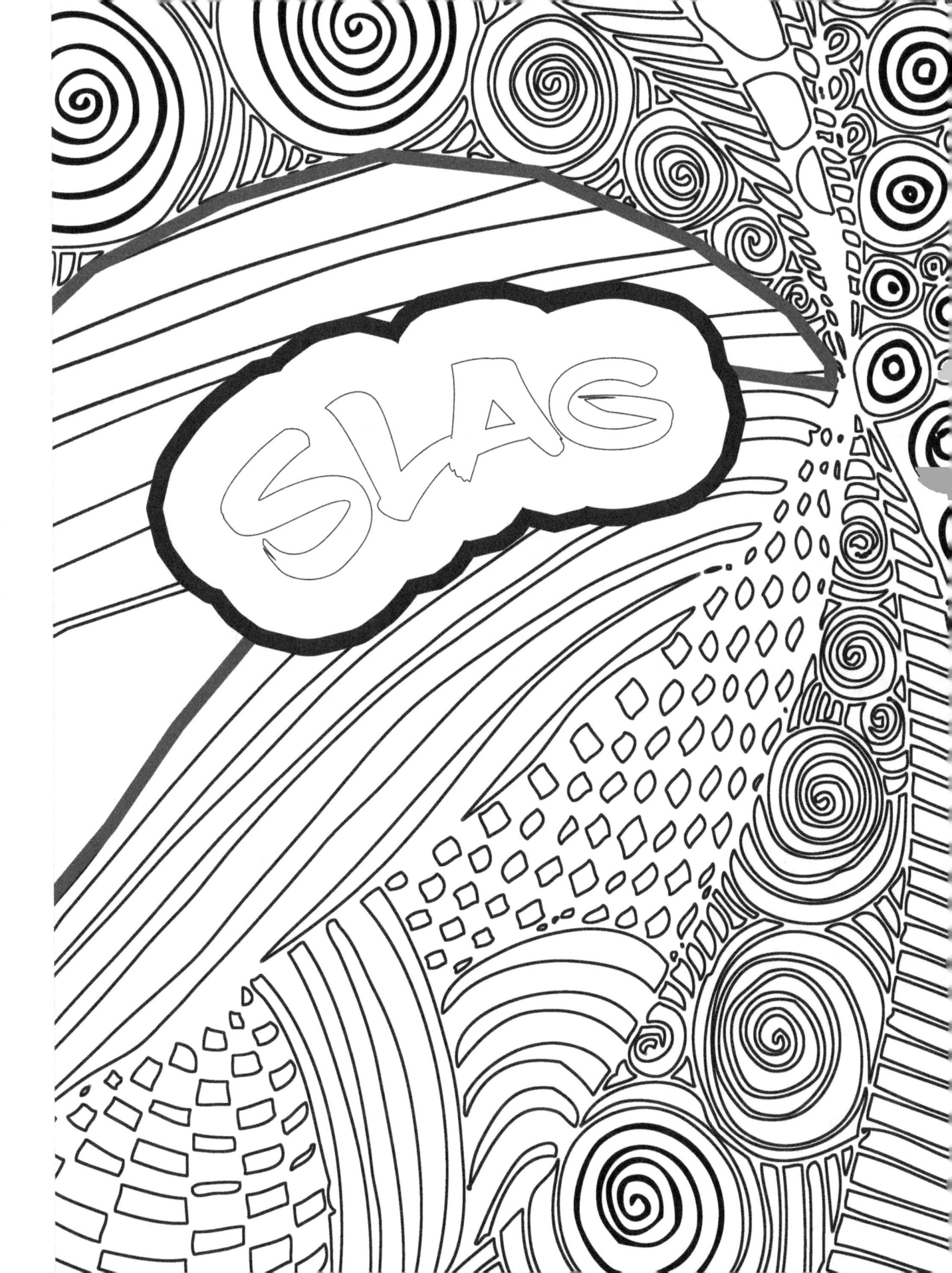

Notes

Drawings or Doodles:

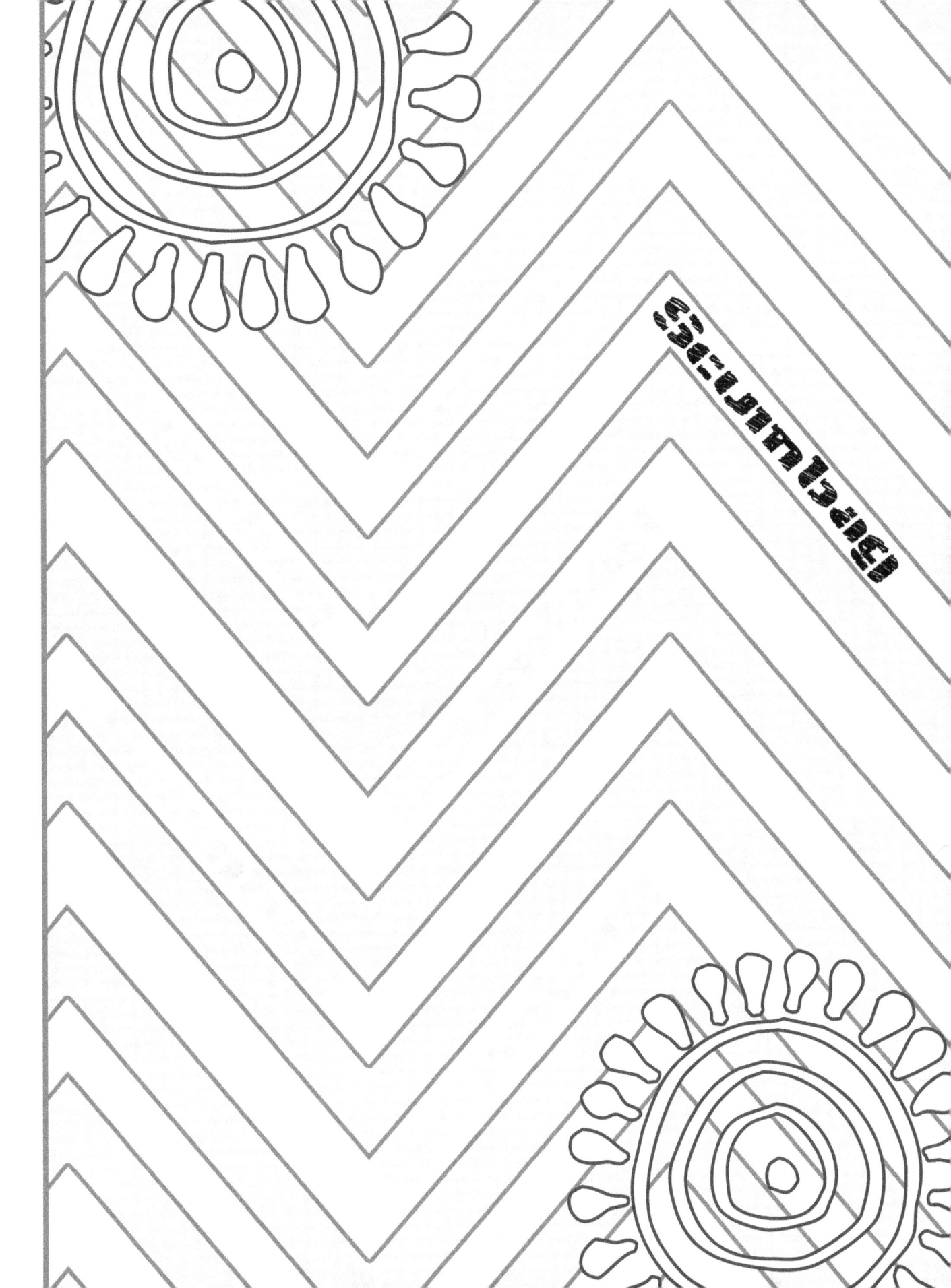

Notes

Drawings or Doodles:

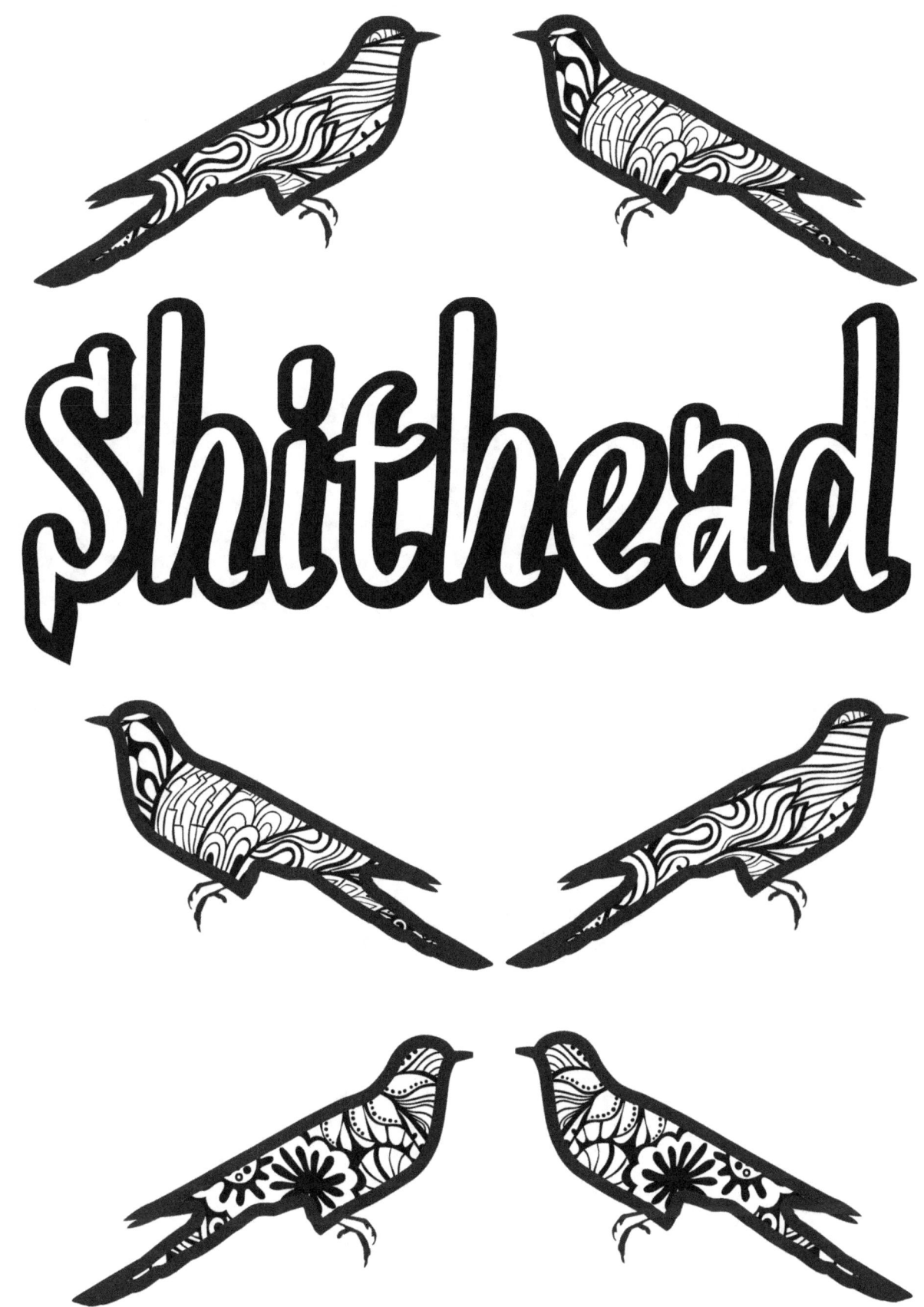

Notes

Drawings or Doodles:

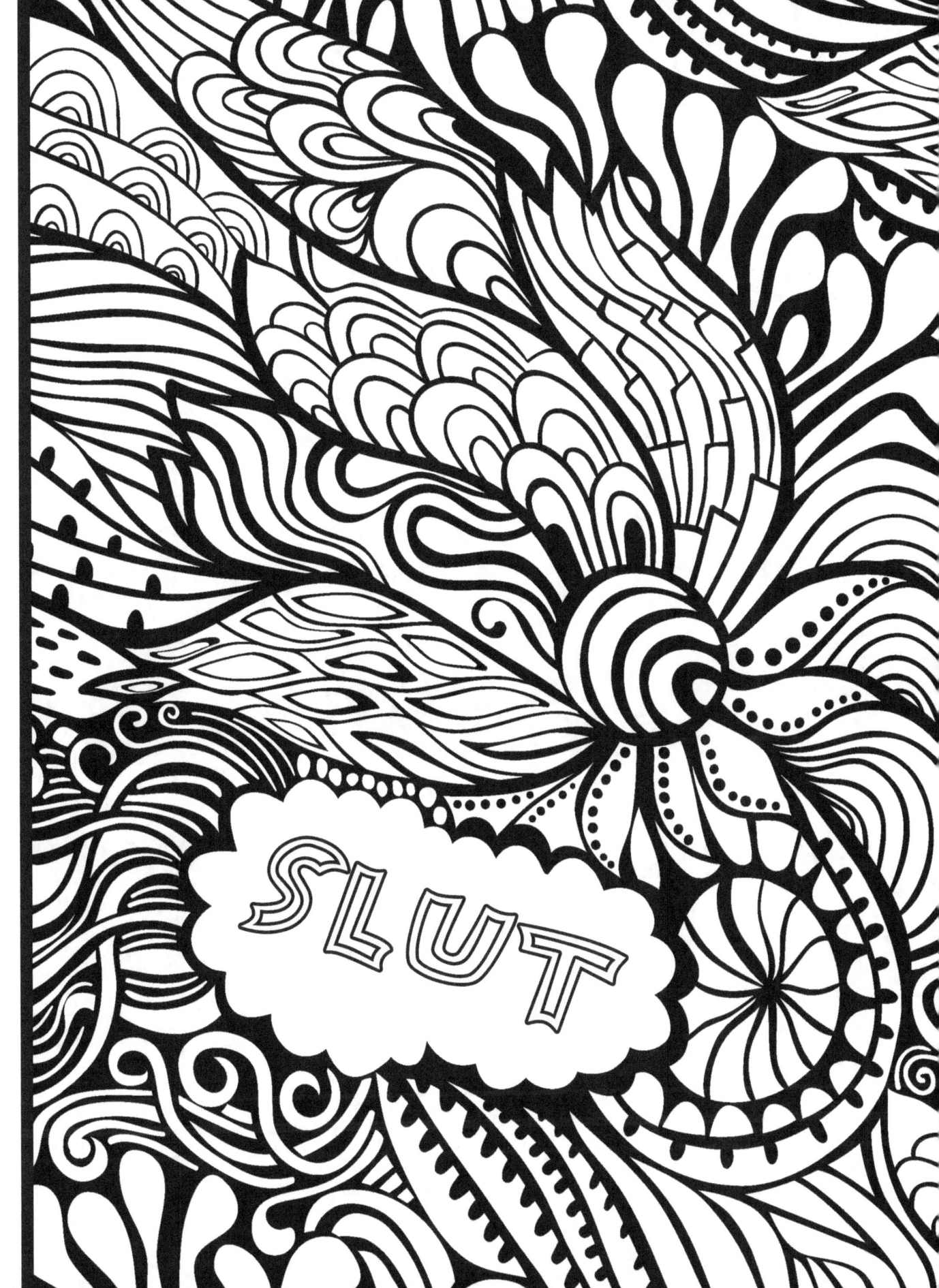

Notes

Drawings or Doodles:

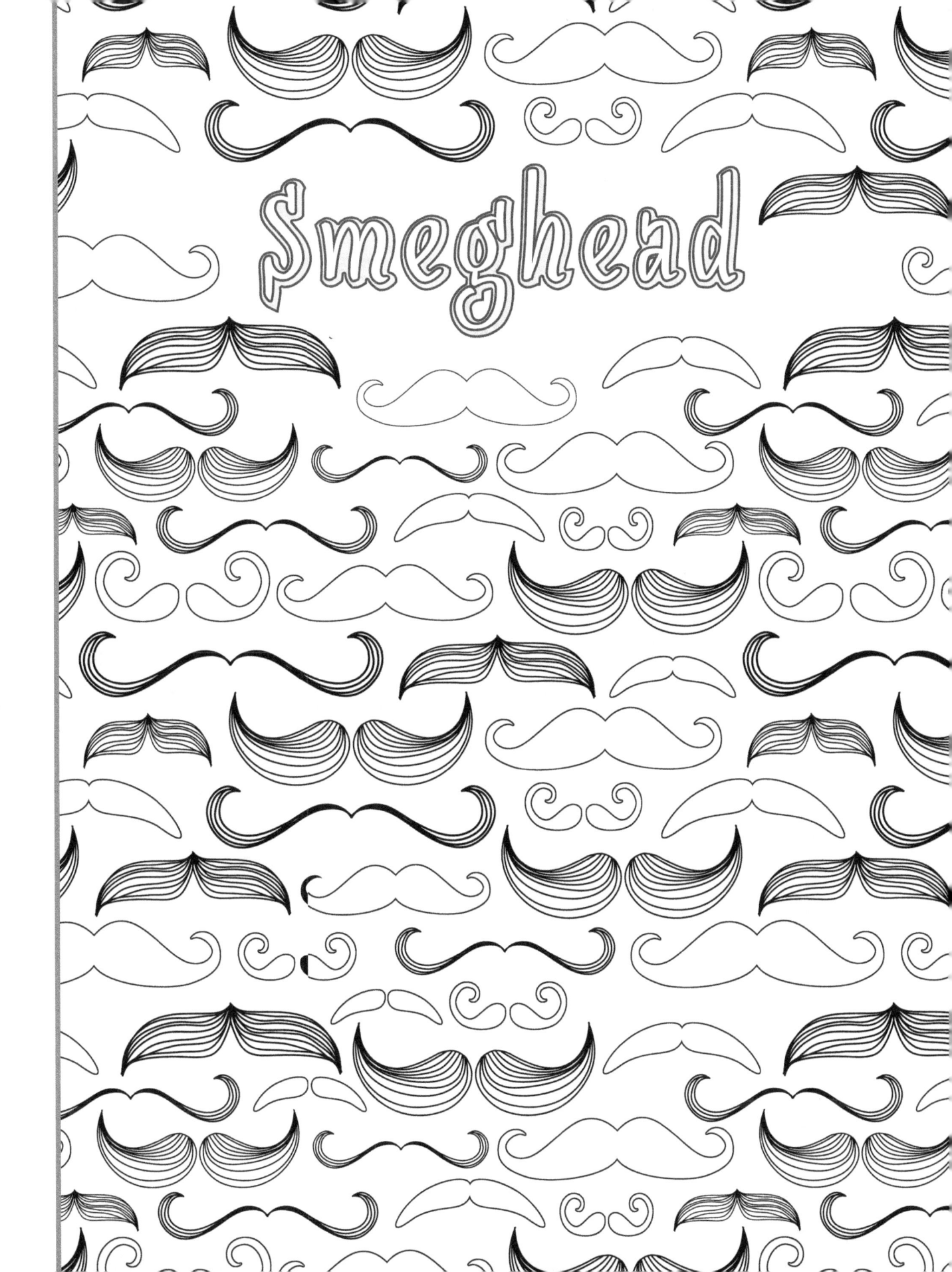

Notes

_____
_____
_____
_____
_____
_____
_____
_____
_____
_____
_____
_____
_____
_____
_____
_____
_____

Drawings or Doodles:

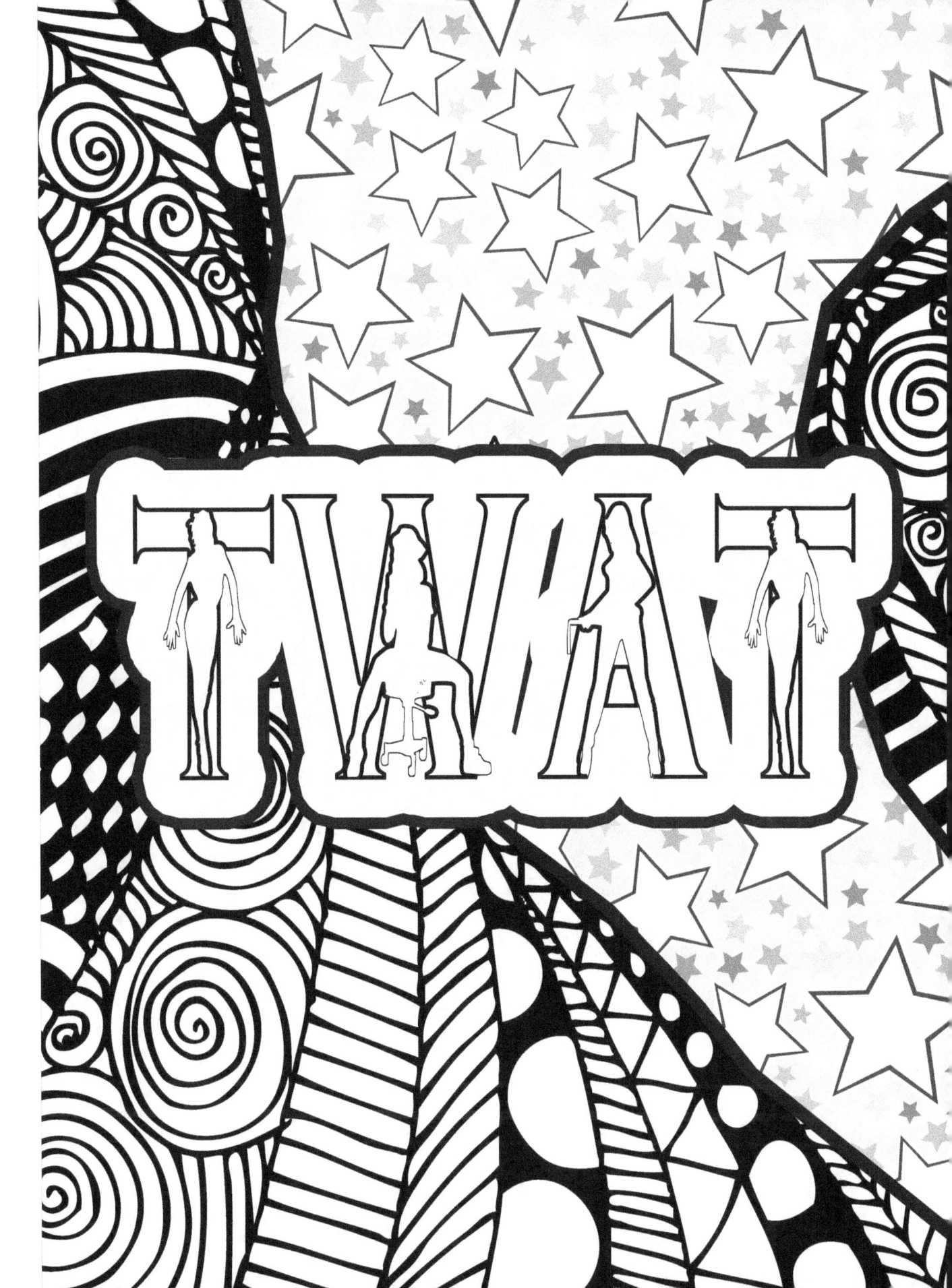

Notes

Drawings or Doodles:

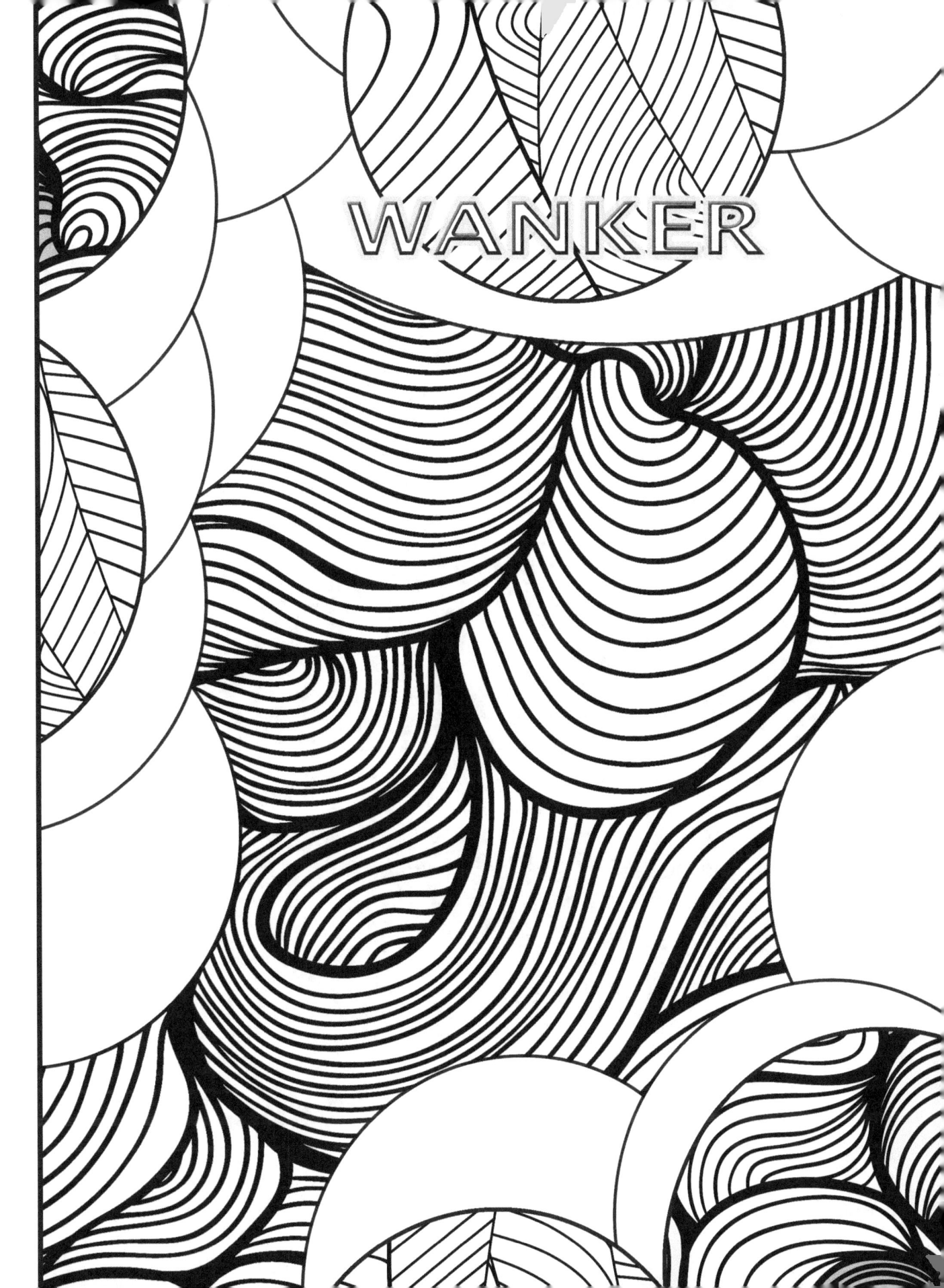

Notes

Drawings or Doodles:

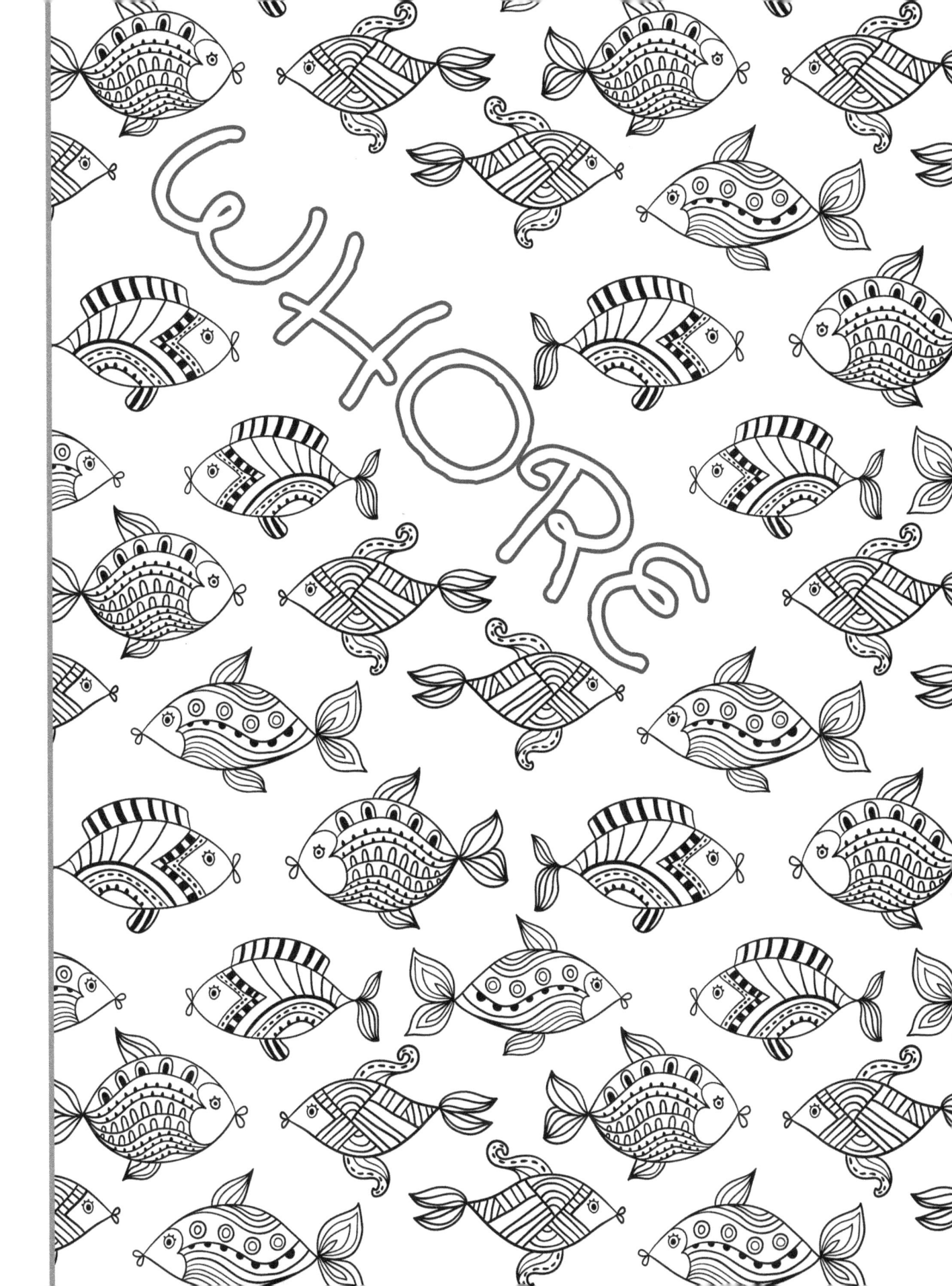

Notes

Drawings or Doodles:

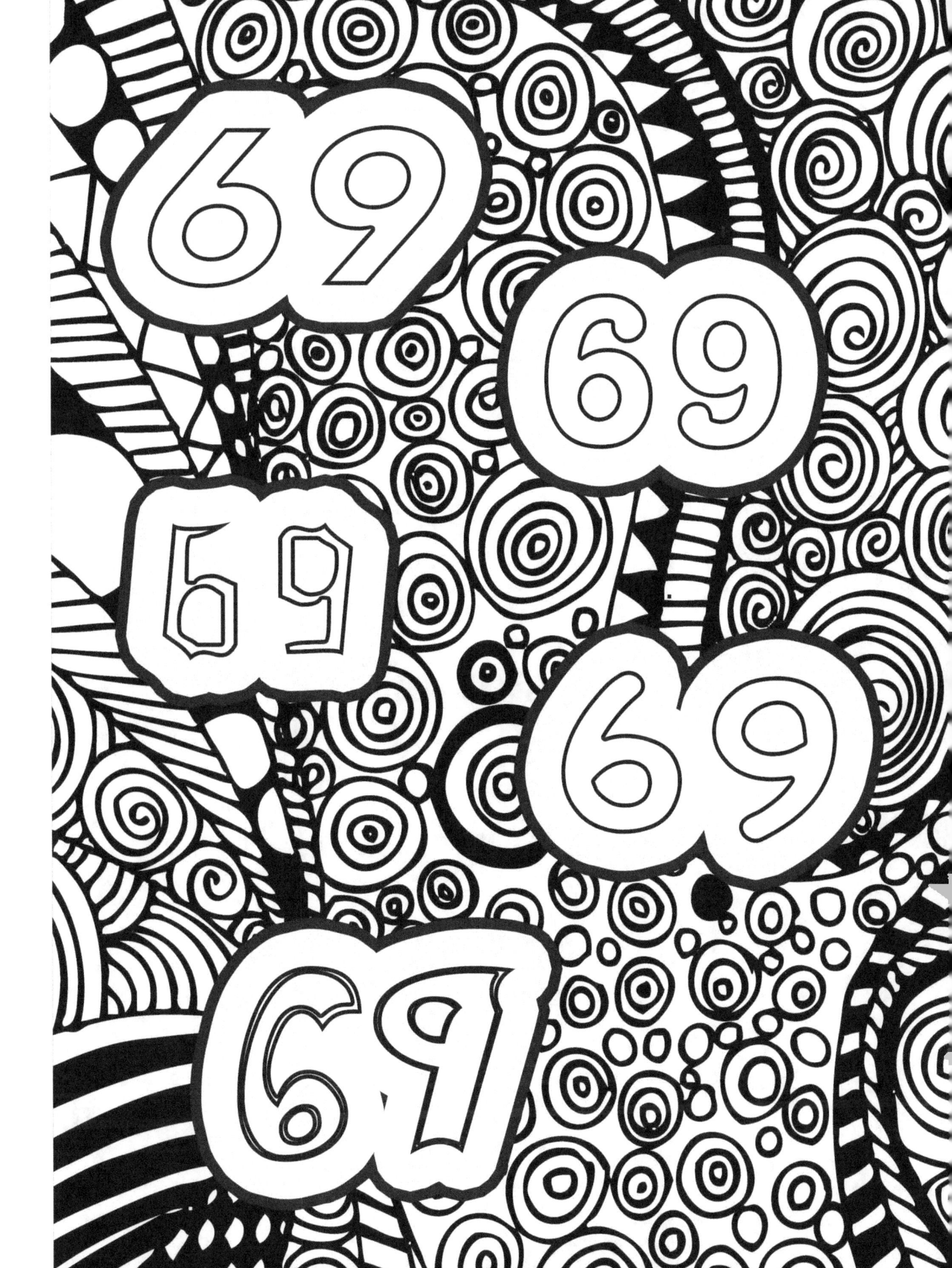

Notes

_____

Drawings or Doodles:

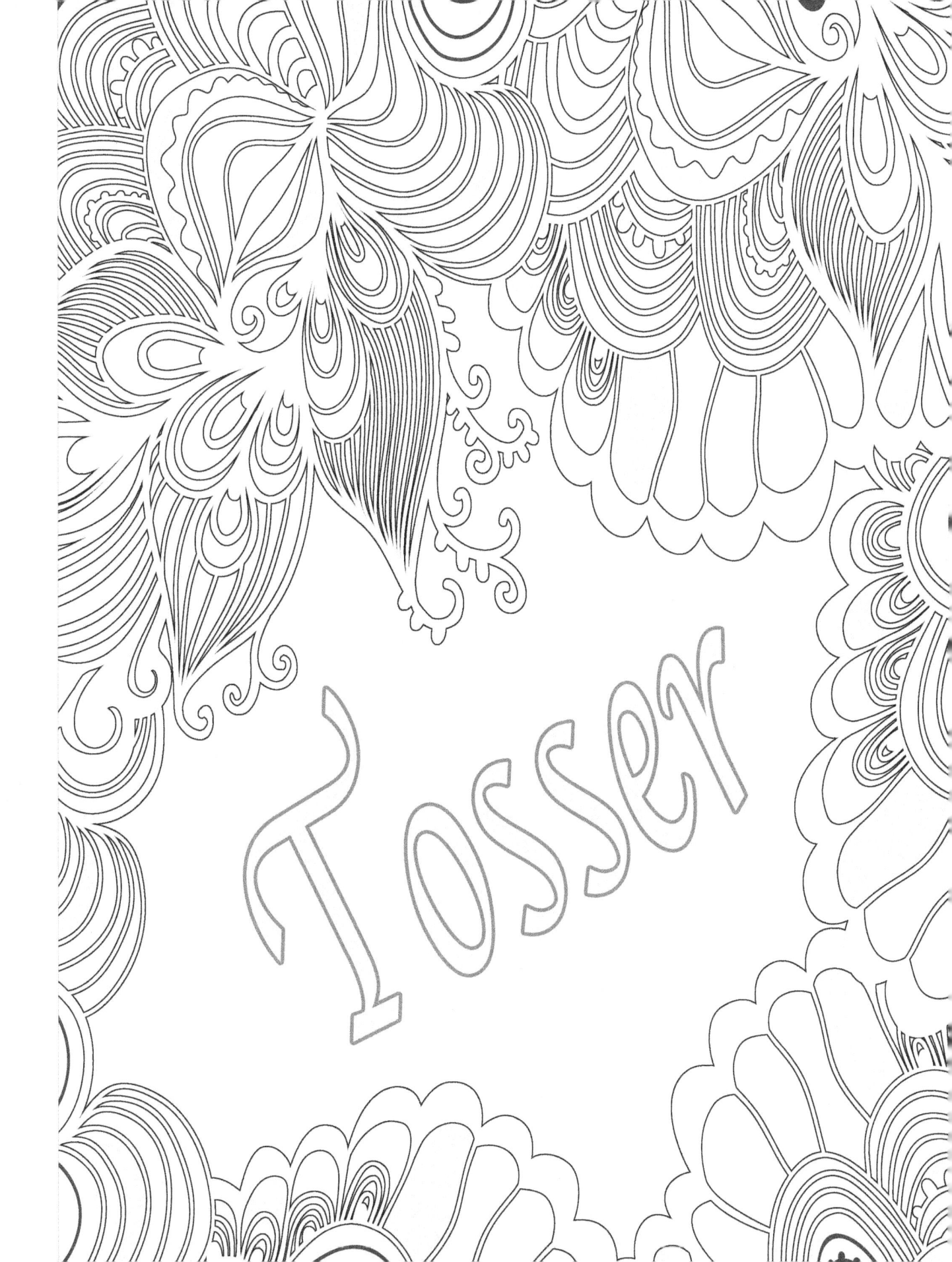

Notes

_____
_____
_____
_____
_____
_____
_____
_____
_____
_____
_____
_____
_____
_____
_____
_____
_____
_____

Drawings or Doodles:

www.ingramcontent.com/pod-product-compliance
Lightning Source LLC
Chambersburg PA
CBHW081008170526
45158CB00010B/2961